Mona Knotek-Roggenbauer

Du bist nicht allein

Gesponsert von:

Europa Donna Österreich – Netzwerk Brustkrebs
c/o Grichemonde
Goldschmiedgasse 2/6/5
1010 Vienna
Tel.: +43 699/140 26 897
E-Mail: info@europadonna.at
www.europadonna.at

EUROPA DONNA
Das Brustkrebs-Forum Austria

Bildnachweis
Cover: Freepik.com; S. 3: rufar/Fotolia; S. 30–33: Illustrationen unter Verwendung von Grafiken aus: »Brustkrebs: Therapie & Nachsorge«, Novartis
Alle anderen Grafiken unter Verwendung von »Hand Drawn vintage floral Elements«, AdobeStock/ngocdai86

ISBN: 978-3-7088-0688-4

Impressum

1010 Wien, Lobkowitzplatz 1
www.kneippverlag.com

Autorin: Mona Knotek-Roggenbauer
Lektorat: Marion Mauthe
Cover und Grafik: Emanuel Mauthe/Extraplan, Wien
Druck: Theiss GmbH, A-9431 St. Stefan
Printed in Austria

1. Auflage Juni 2016

Mona Knotek-Roggenbauer

Du bist nicht allein

DIAGNOSE BRUSTKREBS

Leitfaden für Betroffene

kneipp verlag
WIEN

Ich lade Euch ein ...
Ein Buch für alle, die sich mit dem Thema Brustkrebs beschäftigen und mehr über diese Krankheit erfahren möchten

Danksagung
An meine Familie, die mir in den schwersten Zeiten meines Lebens immer zur Seite gestanden ist, mir Kraft geschenkt hat und trotz aller Vorhersagen immer daran geglaubt hat, dass ich es schaffen werde ...

Inhalt

Gemeinsam stark ...

Die starke Einbeziehung der Patienten in Entscheidungsprozesse im Gesundheitswesen ist Programm. Auch wird der Europäische Brustkrebskongress traditionell von *Europa Donna* mit organisiert, einer europäischen Patientinnen-Initiative gegen Brustkrebs, die in 47 Ländern aktiv ist. Nach dem Motto »Gemeinsam sind wir stark!« unterstützt sie Selbsthilfegruppen, bietet den Betroffenen eine Orientierungshilfe und vertritt ihre Interessen in der Öffentlichkeit.

Europa Donna Austria ist als Vorbild dabei, denn in den letzten Jahren ist es ihrem Team aus Betroffenen gelungen, mit seiner Arbeit die Basis und eine breite Öffentlichkeit zu erreichen. Politisch wichtige Themen werden diskutiert, fundierte Informationen verbreitet, und mit der Organisation des ersten österreichischen Kongresses für Patienten ist eine wahre Pionierarbeit gelungen.

Ich begrüße daher die Initiative, mit diesem Buch einen weiteren Schritt zur Informationsverbreitung und Verbesserung der Kommunikation zwischen Patienten und Betreuungsteams einen wesentlichen Beitrag zu leisten und gratuliere Mona Knotek-Roggenbauer ganz herzlich für ihr Engagement und die Einberufung in den Europa-Donna-International-Executive-Board!

Nur wer gut informiert ist, kann gute Entscheidungen treffen. Obwohl die Ärzteschaft zunehmend gelernt hat, statt dem früher üblichen Fachkauderwelsch auch in verständlicher Sprache zu kommunizieren, gibt es immer noch viele Fachausdrücke, die für medizinische Laien unverständlich sind. Außerdem berührt Frau Knotek-Roggenbauer Themen, die Sie nicht unbedingt mit Ihrem Behandlungsteam besprechen, die aber trotzdem Mut gebend sein können.

Diese Informationen sollen Sie in die Lage versetzen, Ihren Ärzten ein gut informierter Gesprächspartner zu sein. Sie sollen Ihnen vor allem aber helfen, sich bewusst mit Ihrer Erkrankung auseinanderzusetzen und somit aktiv zu Ihrer Gesundung beizutragen.

Ich wünsche Ihnen viel Erfolg dabei!

Ihr Christoph Zielinski

Vorstand der Klinik für Innere Medizin I – AKH Wien
Leiter der Klinischen Abteilung für Onkologie an der Medizinischen Universität Wien

… aufgeklärt und informiert

Vor Ihnen liegt ein Ratgeber zum Thema Brustkrebs, der sich an Betroffene und deren Familien sowie an alle Interessierten richtet. Es ist höchst verdienstvoll von Mona Knotek-Roggenbauer, ihre Erfahrungen und sehr viel Wissen in dieser Weise gesammelt, geordnet und verarbeitet zu haben, denn Information kann auch ein Weg sein, Ängste und Sorgen einzugrenzen, zu bewältigen und Hilfe auf dem Weg der Krankheitsbewältigung zu finden.

Auch wenn sich viele von uns Ärzten redlich bemühen, treffen wir doch manchmal nicht die richtige Sprache in der Kommunikation mit jenen, die sich uns anvertrauen. Die Sicht einer Patientin und erfahrenen Advokatin für die Anliegen kann hier einiges erfolgreich ergänzen. Es ist für uns motivierend, dass sich auch auf Patientenseite in den letzten Jahren viel getan hat – ganz im Sinne von Selbstständigkeit und Empowerment. Es ist der richtige Ansatz, patriarchalische Strukturen in der Medizin der Vergangenheit angehören zu lassen. Doch zur Interaktion auf Augenhöhe braucht es eben auch Information und Engagement. Ich erlebe immer öfter, dass Patienten Eigeninitiative zeigen und ihre behandelnden Ärzte aktiv auf Qualitätsfragen, auch auf klinische Studien ansprechen, von denen sie gehört oder gelesen haben.

Aufgeklärte und informierte Patienten nehmen gerade bei einer so komplexen Erkrankung wie Krebs einen wichtigen Part in der Therapieplanung ein – dies ist für die angestrebte Selbstbestimmung essentiell! Auch im Einmahnen der benötigten Ressourcen seitens der Gesellschaft, sowohl für moderne Behandlungsmöglichkeiten als auch für klinische Forschung, kommt den Patienten heute entscheidende gesellschaftspolitische Bedeutung zu. Nur gemeinsam können wir den Krebs besiegen – durch modernste Therapiekonzepte, auch durch engmaschige Betreuung und Nachsorge sowie das Wissen, in einem qualitätskontrollierten, zertifizierten Kompetenzzentrum behandelt zu werden.

Sowohl in meiner Funktion als Präsident der ABCSG, als Chirurg, aber einfach auch als Mensch wünsche ich dem vorliegenden Ratgeber eine reiche Leserschaft!

Herzlichst,

Michael Gnant

Vorstand der Universitätsklinik für Chirurgie Wien, Leiter Brustgesundheitszentrum Wien
Präsident der Austrian Breast and Colorectal Cancer Study Group ABCSG

Diagnose Brustkrebs

Mein Name ist Mona. Ich bin selbst Brustkrebspatientin und ich lade Sie ein, mit mir auf eine Reise in die Zukunft zu gehen, mit mir gemeinsam Chancen und Möglichkeiten zu entdecken, Ängste und Unsicherheiten zu überwinden – und: zu vertrauen. Ich beginne damit, Ihnen meine ganz persönliche Geschichte zu erzählen.

Es war ein Tag im Jänner 2011. Ich war in München auf Weiterbildung, stand kurz vor meinem Start in die Selbstständigkeit, hatte alles ganz genau geplant. Da lernte ich, dass nicht alles im Leben planbar ist. Ich stand nach einem anstrengenden Tag unter der Dusche und ertastete einen Knoten in meiner linken Brust. Ich hatte sofort ein mulmiges Gefühl. »Bestimmt ist das wieder eine Zyste«, versuchte ich mich zu beruhigen. Doch irgendetwas tief in mir wusste bereits, dass es dieses Mal anders war.

Wieder zu Hause suchte ich meinen Gynäkologen auf. Auch er fand den Knoten, und obwohl ich erst kurz zuvor bei einer Kontrolle war, gab er mir eine vorgezogene Überweisung zur Mammografie. Nach dieser Röntgenuntersuchung mit anschließender Ultraschalluntersuchung blieb der Arzt vage und empfahl mir schließlich, zur Sicherheit noch eine Magnetresonanz durchführen zu lassen – und dann kam der Tag, an dem ich den Befund abholte.

Ich ging, wie ich es auch sonst tat, zur Anmeldung, doch dieses Mal lag das mich betreffende Kuvert mit zahlreichen Post-its beklebt separiert von den anderen. Die Dame am Schalter erklärte mir, sie könne mir den Befund nicht aushändigen, das müsse ihr Chef selbst tun, und bat mich schließlich in die prunkvollen Räumlichkeiten des Laborleiters. Mein mulmiges Gefühl wurde bestätigt, denn ich erhielt mit folgenden Worten die Diagnose: »Sie haben einen *Multizentrischen Tumor* (Tumorknoten in mehreren Quadranten) von drei Zentimeter Durchmesser, das ist nicht gut, da kann man nichts machen.« Ich hatte das Gefühl, als ziehe es mir den Boden unter den Füße weg. »Was heißt das jetzt?«, fragte ich nach. »Die Brust muss weg«, entgegnete er mir.

»Sie haben einen multizentrischen Tumor« – der Knödel, der mir im Hals steckte, sank Zentimeter für Zentimeter tiefer.

Der Knödel, der mir im Hals steckte, sank Zentimeter für Zentimeter tiefer, bis er schließlich wie ein schwerer Stein in meiner Magengrube liegen blieb. Zu Hause besprach ich diese Erfahrung mit meinem Mann und freundete mich mit dem Gedanken an eine Brustentfernung an. Danach überlegte ich, wohin ich gehen sollte. Ich entschied mich für ein Krankenhaus nicht weit von unserem Wohnort entfernt, das eine onkologische und eine Brustkrebs-erfahrene chirurgische Abteilung aufwies. Es folgte ein Erstgespräch mit einem Chirurgen, der den Gedanken an eine Brustamputation mit folgenden Worten ablehnte: »Für mich ist das ein *Multifokaler Tumor* (mehrere Tumorknoten im selben Quadranten). Nein, eine Amputation machen wir nicht, da sind Sie in fünf Jahren auf mich böse. Wir machen eine *neoadjuvante Chemotherapie* (vor einer Operation), um den Tumor zu schrumpfen und danach brusterhaltend zu operieren.« Ich war irritiert und fühlte mich überrumpelt. Ich war von der Diagnose noch so benommen, dass ich nichts hinterfragte und mir auch keine zweite Meinung einholte.

Danach ging es folgendermaßen weiter: Biopsie / oberflächliches, unvollständiges und verharmlosendes Aufklärungsgespräch / fehlerhaftes aber rechtzeitig korrigiertes Setzen eines Portacaths / Erste und einzige Chemo / Sepsis / Multiorganversagen / Herzinfarkt / und die Aussage des Peripheriekrankenhauses an meine Angehörigen: »Wir können nichts mehr machen, die Patientin wird die nächsten Stunden nicht überleben.«

Wenn mein Vater nicht trotz aller Widerstände einen Hubschraubertransport ins Allgemeine Krankenhaus Wien (AKH) erkämpft hätte, könnte ich diese Zeilen nicht an Sie richten. Was lernte ich daraus? Fragen stellen nach Optionen, alternativen Möglichkeiten, versuchen, medizinische Fachbegriffe zu verstehen, eine zweite Meinung einholen. Und was ich auch noch gelernt habe: Nur in Kompetenzzentren, also zertifizierten Brustgesundheitszentren, findet man die richtige Betreuung.

Doch das war noch nicht alles: Nachdem sich meine Situation stabilisiert hatte und ich mich nicht mehr in Lebensgefahr befand, wurde ich aufgrund eines organisatorischen Tausches in die Intensivstation des SMZ Ost verlegt. Und weil das noch nicht genug war, kam dort noch eine Darmperforation mit Not-OP, Sepsis, künstlichem Darmausgang und Platzbauch dazu.

Zu meinem Glück kam ich durch Zufall in die Hände von ausgesprochen kompetenten und verantwortungsbewussten Ärzten, die sich dann einige Wochen danach auch meiner ursprünglichen Erkrankung, also dem Brustkrebs, widmeten. Meine linke Brust wurde nun doch entfernt, und – was mir besonders wichtig war – ich bekam keine Chemotherapie mehr. Es folgten Physiotherapien, die mich langsam wieder mobilisierten und ich bekam Bestrahlungen, die ich sehr gut vertrug. Ich begab mich auf den Weg zurück ins Leben.

Nur durch Zufall in kompetente Hände zu kommen, ist keine gute Prognose. Um das zu ändern, gibt es »Europa Donna International«.

Sie werden es nicht glauben, wenn ich das jetzt sage, aber ich war zutiefst glücklich, dass ich nach all dem noch lebte, meine Familie wieder bei mir haben durfte. Und ich war glücklich über jeden Schritt, den ich wieder gehen konnte. Und ich habe begonnen, meine emotionalen Erlebnisse in Farben darzustellen. Seither male ich mich sozusagen frei. Entstanden sind Bilder, die mir meinen jeweiligen Zustand vor Augen führten, die eine Auseinandersetzung mit der Krankheit wiedergeben. Sie werden sie hier – unterlegt unter die Farben der Einstiegsseiten für die einzelnen Kapitel – begleiten.

Und jetzt freue ich mich darauf, mit Ihnen zusammen in die Zukunft zu gehen. Entdecken wir gemeinsam die Schönheit des Lebens! Denn Brustkrebs ist eine Erkrankung, die heute jede Frau – aber auch jeden Mann – in jedem Alter treffen kann. Der Wunsch nach Information ist in der Phase nach der erhaltenen Diagnose besonders wichtig. Das Mitwirken und Mitentscheiden darüber, was da so mit einem passieren soll und wird, verhilft den Betroffenen, einen abgekürzten Weg zum mündigen Patienten gehen zu können.

Ich habe im Zuge meiner Recherchen viele Frauen und auch einen Mann getroffen, die nach überstandener Erkrankung viele Dinge in ihrem Leben neu ordneten, andere Prioritäten entwickelten, zum Manager ihres Lebens wurden. Diese Geschichten fasse ich in *Monas Blog* auf der Webseite von *Europa Donna Austria* unter dem Titel »Starke Frauen« zusammen: www.europadonna.at

Europa Donna ist ein internationales Brustkrebsnetzwerk, das sich zum Ziel gesetzt hat, Brustkrebspatienten in allen nur möglichen Lebenssituationen hilfreich zur Seite zu stehen und sie in der Öffentlichkeit zu vertreten. Ich selbst bin nicht nur Mitglied geworden, ich schreibe seit August 2013 den bereits vorher schon erwähnten Blog und habe voll Stolz mit Jänner 2014 das Präsidentenamt für *Europa Donna Austria* übernommen.

Mit diesem Buch möchte ich allen Betroffenen Mut machen, die nach der Diagnose Brustkrebs verunsichert sind, ihren Weg zu gehen, in sich selbst hineinzuhören, sich nicht überrumpeln zu lassen und auch – bei Bedarf – eine zweite Meinung einzufordern: Es ist Ihr Körper, Ihr Leben und Ihre (Mit)Entscheidung!

Ganz herzlich möchte ich mich beim gesamten Europa-Donna-Austria-Team für die unermüdliche ehrenamtliche Arbeit bedanken, die Brustkrebsbetroffenen zugutekommt.

Ebenso gilt mein ganz besonderer Dank den Experten, die für unsere Fragen immer Zeit finden und den »starken Frauen«, die ihre Geschichten mit uns teilen.

P.S.: Zur besseren Lesbarkeit werden in diesem Buch personenbezogene Bezeichnungen, die sich zugleich auf Frauen und Männer beziehen, generell nur in der im Deutschen üblichen männlichen Form angeführt. Dies soll jedoch keinesfalls eine Geschlechterdiskriminierung oder eine Verletzung des Gleichheitsgrundsatzes zum Ausdruck bringen.

Kapitel I

Meine Diagnose annehmen –
Meinen Befund verstehen

Meine Diagnose annehmen – Meinen Befund verstehen

JEDER, der mit der Diagnose Krebs konfrontiert wird, durchlebt nicht nur auf körperlicher, sondern auch auf emotionaler Ebene eine Berg- und Talfahrt. Doch die gute Nachricht vorweg: Sie sind nicht allein! Seit der Intensivierung der Krebsforschung hat es nicht nur gesellschaftlich, sondern auch medizinisch eine Entwicklung gegeben, die es Ihnen ermöglicht, mit der Krankheit so umzugehen, wie es Ihrer Persönlichkeit entspricht. Der Grund aber, warum ich mich mit Europa Donna für Brustkrebsbetroffene einsetze und diesen Ratgeber für Sie schreibe, ist meine tiefe Überzeugung, dass nur selbstbestimmte Betroffene eine für sie optimale Behandlung erfahren werden. Deshalb habe ich für das erste Kapitel dieses Buches den Titel »Meine Diagnose annehmen – meinen Befund verstehen« gewählt. Ich möchte Ihnen nun einige Begriffe und Zusammenhänge erläutern, die Sie zum besseren Verständnis Ihrer Diagnose und Ihres Befundes benötigen, um den Weg durch Therapie und Nachsorge für Sie klarer durchschaubar zu machen.

Das Mammakarzinom

Die Bildung eines bösartigen Tumors in der Brust, des Mammakarzinoms, ist für Betroffene eine große Belastung. Ich habe mich oft gefragt, warum das so ist. Ich bin mir sicher, dass in unserer übersexualisierten Gesellschaft, die dem Jugend- und Schönheitskult frönt, in der photogeshopte Models und mit Botox aufgepeppte Filmstars und Starlets die Hochglanzmagazine beherrschen und allseits nur die Rede von Attraktivität für das andere Geschlecht ist, kein Platz für eine Krankheit des Sekundärgeschlechtsmerkmals ist. Den Idolen muss möglichst nachgeeifert werden, jedes Gramm an den Hüften wird mit Schrecken wahrgenommen, und kleine Brüste müssen aufgeblasen, große mit Stolz vorgewiesen werden. Der perfekte Körper steht im Vordergrund, die intellektuellen und sensitiven Leistungen werden nicht einmal ignoriert. Auch deshalb – und nicht nur wegen der lebensbedrohlichen Diagnose – sieht sich so gut wie jede Betroffene, die mit Brustkrebs konfrontiert wird, in ein tiefes Loch der Entwürdigung fallen. Alles ist plötzlich anders. Und es gibt Fragen über Fragen: Wie bösartig ist der Tumor? Muss ich große Schmerzen erleiden? Werde ich meine Brust verlieren? Werde ich sterben müssen? Was um alles in der Welt wird mit mir geschehen?

Doch Sie sind nicht allein, denn Brustkrebs ist die häufigste bösartige Erkrankung der Frau und wird auch zunehmend eine Bedrohung für Männer. In Österreich erkranken durchschnittlich 5500 Menschen pro Jahr an Bustkrebs, ungefähr 70 davon sind Männer.

Das Erkrankungsrisiko steigt mit dem Alter an, jedoch kann Brustkrebs auch in jüngeren Jahren, weit vor dem 50. Lebensjahr, auftreten. Und keiner wird den Tag und die Stunde vergessen, in der ihm die niederschmetternde Diagnose gestellt wurde. Aber es gibt Hoffnung, denn das Wichtigste ist, sich in die richtigen Hände zu begeben.

Wer für Sie da ist

Ein Stück weit aufgefangen zu werden in dieser schweren Krise, den Partner, Freunde, Angehörige an seiner Seite zu wissen, die einfach nur für einen da sind, ist der erste Schritt, um auf eine Ebene gehoben zu werden, die es Ihnen ermöglicht, klare Entscheidungen treffen zu können. Lassen Sie sich Zeit, nichts läuft Ihnen davon. Es kommt auf ein paar Tage, vielleicht sogar zwei, drei Wochen nicht an, um sich zu sammeln, ein wenig zur Ruhe zu kommen, sich umfassend zu informieren. Dazu soll dieser Ratgeber dienen, aber darüber hinaus empfehle ich allen Betroffenen, die in Ostösterreich wohnen, die Krebsschule im Wiener AKH.

Cancer School – Krebsschule

Dabei handelt es sich um das Dach, unter dem Veranstaltungen für Laien gesammelt, entwickelt und angeboten werden. Vor allem die Bereiche Prävention, also die Vermeidung und die Früherkennung von Krebserkrankungen sind Themen, die das CCC (Comprehensive Cancer Center Vienna) einer breiteren Öffentlichkeit nahebringen möchte.

Für Betroffene wiederum ist es von Bedeutung, über die eigene Erkrankung und die Therapien informiert zu sein. Und ganz besonders wichtig ist es für Patientenvertreter oder Personen, die in ihrer Arbeit mit Krebserkrankungen oder -erkrankten zu tun haben, die Grundbegriffe der Krebsheilkunde zu kennen, einen Überblick zu haben.

Das Comprehensive Cancer Center (CCC) bündelt und unterstützt die Krebsforschung, die Patientenbetreuung und die Ausbildung von Studenten bzw. Jungwissenschaftlern sowie Mitarbeitern aus der Pflege. Das CCC ist, was die Wissensvermittlung angeht, auch der Öffentlichkeit verpflichtet. Die Teilnahme ist kostenlos, eine Anmeldung aber notwendig: www.cancerschool.at

Welche Klinik ist für mich die richtige?

Die meisten Patienten wenden sich zunächst an den niedergelassenen Arzt ihres Vertrauens, um sich beraten zu lassen. Seien Sie sicher: Er kennt Ihre Anamnese, hat möglicherweise schon Ihre Kinder entbunden. Er ist mit Chirurgen, Onkologen, aber auch Krankenhausbetreibern vernetzt und weiß aus langer Erfahrung, was wofür und vor allem für wen welches Umfeld das richtige ist. Er wird Ihnen empfehlen, ein zertifiziertes Brustgesundheitszentrum aufzusuchen, in dem eine kompetente Betreuung gewährleistet ist. Denn leider sind Brustkrebspatienten nicht in jeder Klinik gleich gut aufgehoben. So haben manche Operateure in den chirurgischen und gynäkologischen Abteilungen der Krankenhäuser nicht genügend Erfahrung, haben zu wenige Eingriffe durchgeführt. Andere sind nicht auf dem neuesten Stand von Forschung und Wissenschaft, kennen die neuesten Studien nicht. In einem zertifizierten Brustgesundheitszentrum arbeitet ein Tumorboard, bestehend aus Ärzten verschiedenster Fachrichtungen zusammen – wie Chirurgie, Gynäkologie, Onkologie, Radiologie, Studienassistenz, Pflege und mehr –, um den Betroffenen die bestmögliche Behandlung zukommen zu lassen.

Nur ein zertifiziertes Brustgesundheitszentrum gibt Ihnen volle Unterstützung.

Allerdings ist die Bezeichnung »Brustgesundheitszentrum« nicht geschützt. Im Prinzip kann sich jede gynäkologische Station eines Krankenhauses so nennen, das Brustkrebspatienten behandelt. Achten Sie daher darauf, sich an eine spezialisierte interdisziplinäre Einheit zu wenden, in der Sie die beste medizinische und pflegerische Betreuung gewährleistet bekommen. Die Europäische Union hat nämlich genau aus diesem Grund die Forderung gestellt – zu der sich auch Österreich verpflichtet hat –, dass bis 2016 alle Patienten mit der Diagnose Brustkrebs in zertifizierten interdisziplinären Brustgesundheitszentren behandelt werden sollen. Seither gibt es eine unabhängige Zertifizierungskommission, die Brustgesundheitszentren jährlich einer Kontrolle unterzieht und damit eine kontinuierliche Qualitätssicherung garantiert. Dadurch ist nicht nur beste medizinische Qualität gewährleistet, sondern es wird auch ständig an einer Weiterentwicklung der Ergebnisse gearbeitet. Durch das Zertifikat wird auch bestätigt, dass ausreichend Erfahrung gewährleistet ist. Es gibt auch kleinere Behandlungseinheiten, die in Zusammenarbeit mit einem Brustgesundheitszentrum als sogenanntes assoziiertes Zentrum die erforderlichen Qualitätskriterien erfüllen (siehe Seite 126).

Die ersten Schritte

In diesem Abschnitt möchte ich darauf eingehen, wie der ideale Ablauf von der Selbstuntersuchung bis zur Diagnose sein sollte. Denn verschiedene Medienberichte, die sich einander widersprüchlich über die Sinnhaftigkeit von Prävention äußern, schaffen mehr Unsicherheit als Klarheit. Ich kann nur immer wiederholen: Schrecken Sie vor den Vorsorgeuntersuchungen nicht zurück. Sie können damit Ihr Leben retten!

Lisa D.

Im Oktober 2012 erhielt ich bei der Routinemammografie den Befund BIR-ADS 5 rechte Brust. Der Tastbefund (auch seitens der Ärzte) unauffällig. Erklärend möchte ich hinzufügen, dass der Tumor mittig saß und meine Brust eher voller ist. Der aufklärende Röntgenarzt sagte mir schon zu diesem Zeitpunkt, dass ich keine großen Hoffnungen in die Biopsie setzen sollte hinsichtlich eines günstigeren Ergebnisses, somit verließ ich die Ordination mit der relativen Gewissheit, Krebs zu haben.

Mittlerweile bin ich 50, und je länger der Zeitpunkt der Diagnosestellung zurückliegt, desto unbegreiflicher finde ich es. Um ehrlich zu sein, habe ich nie damit gerechnet. Ich bin nämlich ein Fall wider die Statistik (wie andere auch). Ich habe drei erwachsene Töchter, gestillt, mich immer gern und viel bewegt, Idealgewicht, seit 22 Jahren kein Nikotin, kein oder kaum Alkohol, 10 Jahre vegetarische Ernährung, bin auch der Erstfall in der Familie. Ich kann nur sagen, Gott sei Dank habe ich seit meinem 40er in Zweijahresabständen die Mammografie in Anspruch genommen. Positiver Nebeneffekt: Meine Mama (84) ließ nach vielen Jahren endlich wieder eine Mammografie durchführen, und im Kolleginnenkreis (Krankenpflege) löste mein Befund einen Mammografieboom aus.

Ich wurde brusterhaltend operiert, bekam 30 Bestrahlungen und wurde medikamentös mit einem Aromatasehemmer therapiert. Bis auf Müdigkeit und schmerzhafte, teilweise versteifte Finger- und Handgelenke, vor allem vormittags, verspüre ich keine Nebenwirkungen. Was ich mir jedenfalls so nicht vorgestellt habe: dass eine Lymphknotenentfernung über einen so relativ langen Zeitraum Schmerzen bereitet, sodass die Beweglichkeit und Belastbarkeit meines rechten Armes eingeschränkt sind, was eine Rückkehr in meinen Beruf derzeit unmöglich macht.

Ich habe gelernt, das Leben bewusster zu genießen, soziale Kontakte verstärkt zu pflegen, noch gesünder (stressfreier) zu leben, Hobbys wieder zu aktivieren, vor allem das Tanzen. Mittlerweile habe ich drei Trainingspartner, denn ich möchte mit den Problemen, die beim Üben entstehen können, meine private Beziehung nicht belasten. Kurz vor Weihnachten steht wieder ein umfangreicher Gesundheitscheck ins Haus, und ich müsste lügen, würde ich behaupten, ich hätte kein mulmiges Gefühl. Ich wünsche mir, dass ich künftig meinen Kontrolluntersuchungen mit etwas mehr Gelassenheit entgegensehen kann, denn sie werden ein Bestandteil meines Lebens bleiben. Ich möchte meiner Familie, meinem Freund, meinen Freundinnen und den Ärzten danken, dass sie mich durch eine schwere Zeit begleitet und trotzdem soviel wie möglich an Normalität zugelassen haben. Geholfen haben mir bei der Verarbeitung der Ereignisse – neben meinem starken Glaube an Gott – meine Katze, die immer für mich da ist und war. Da meine Geschichte ja eigentlich nichts Spektakuläres beinhaltet, wage ich mit folgenden Worten zu schließen: Es ist vieles anders, aber nicht alles schlechter.

Viele haben Angst vor der Diagnose Brustkrebs und gehen deshalb nicht zur Vorsorgeuntersuchung. Doch im Zeitalter der Prävention sind die Chancen um ein Vielfaches gestiegen, Brustkrebs so frühzeitig wie möglich zu erkennen und so zu behandeln, dass eine vollständige Heilung gegeben ist. Durch eine kontinuierlich verbesserte Technik in den bildgebenden Verfahren und den Einsatz modernster digitaler Technologie können selbst kleinste Auffälligkeiten aufgespürt werden. Deshalb ist es wichtig, das angebotene Mammografie-Screening anzunehmen. Doch beginnen wir zunächst bei uns selbst.

Die Selbstuntersuchung

Die regelmäßige Selbstuntersuchung der Brust ist die ideale Ergänzung zum Früherkennungsprogramm und erhöht die Chance, selbst kleinste Veränderungen der Brust rechtzeitig aufzuspüren. Somit kann man sich bereits in einem frühen Stadium in professionelle ärztliche Betreuung begeben. Ganz besonders wichtig ist es, Verantwortung für sich und den eigenen Körper zu übernehmen. Denn: Niemand kennt Ihren Körper so gut wie Sie selbst!

Die Selbstuntersuchung sollte am besten in den ersten Tagen nach der Regelblutung durchgeführt werden, da zu diesem Zeitpunkt das Drüsengewebe am weichsten ist und Veränderungen besser zu tasten sind.

1. Betrachten Sie Ihre Brust vor einem Spiegel und achten Sie auf:

- Einziehungen
- Veränderungen der Haut
- Veränderungen der Brustwarze
- Asymmetrie der Brust

2. Tasten Sie Ihre Brust ab und achten Sie bei der Selbstuntersuchung auf:

- 4 Brustquadranten
- Brustwarze
- Achselhöhle
- Schlüsselbeingrube

3. Wenn Sie einen Knoten bemerken, gibt es:

- Sekretabsonderung aus der Brustwarze?
- Spannungsschmerz?
- Berührungsschmerz?

Die ärztliche Untersuchung

Wenn der Arzt die Brust untersucht, so ist der Ablauf ähnlich wie bei der Selbstuntersuchung. Da die Brustuntersuchung Teil jeder gynäkologischen Untersuchung ist, kann bereits hier oft schon eine Verdachtsdiganose erstellt werden. Die anschließende Begutachtung der Bildgebung kann sich auf diese Diagnose stützen und bestimmte Bereiche der Brust genauer analysieren.

Tastende Hände

Eine in Österreich ganz neue Methode der Früherkennung ist die Tastuntersuchung durch blinde und schwer sehbehinderte Frauen. Das Fingerspitzengefühl macht diese Frauen zu besonders guten Tastuntersucherinnen. Die Tastdiagnostik durch blinde und sehbehinderte Frauen wird in Deutschland im Rahmen der Brustkrebsfrüherkennung bereits erfolgreich eingesetzt. Dieses innovative Konzept schafft nicht nur ein höheres Maß an Sicherheit für die Erkennung von Brustveränderungen, sondern ermöglicht Frauen eine angenehme Untersuchungssituation mit einem Höchstmaß an Zuwendung und Zeiteinsatz.
In einer 9-monatigen theoretischen und praktischen Fortbildung werden blinde und sehbehinderte Menschen in qualifizierten Berufsförderungswerken zu Medizinischen Tastuntersucherinnen (MTU) ausgebildet.

Wie funktioniert die Untersuchung?

Für die Untersuchung nimmt sich die MTU etwa 30–60 Minuten Zeit und widmet der Patientin ein hohes Maß an Zuwendung. Die strukturierte Untersuchung wird im Sitzen und Liegen durchgeführt. Die MTU orientiert sich mithilfe von patentierten Spezialklebestreifen an der Brust, während sie das Brustdrüsengewebe vollständig und gründlich in allen drei Ebenen abtastet.

Medizinische Tastuntersuchung

Eine Vorstudie hat gezeigt, dass MTUs dabei mehr und deutlich kleinere Gewebeveränderungen finden als Gynäkologen unter den Bedingungen einer Routinevorsorgeuntersuchung. In dieser Evaluation fand die MTU-Gruppe rund 50 Prozent mehr auffällige Gewebeveränderungen als die Ärztegruppe und die entdeckten Gewebeveränderungen waren ca. 30 Prozent kleiner. Diese Methode soll nun auch in Österreich Anwendung finden. Laut einer Aussendung des Blindenverbandes werden seit November 2014 die ersten Frauen zu MTUs ausgebildet.

Die bildgebende Untersuchung

Mammografie

Die Mammografie ist die Standardmethode in der Früherkennung von Brustkrebs, weil nur durch sie feinste Mikroverkalkungen als erstes Hinweiszeichen auf ein Brustkrebsleiden erkannt werden können. Die Mammografie hat besonders bei Frauen ab dem 50. bis zum 70. Lebensjahr einen sehr hohen Stellenwert, bei jüngeren Frauen ist die Aussage der Mammografie wegen des häufig noch vorhandenen dichten Drüsenkörpers erschwert. Für diese Altersgruppe ist die Mammasonografie als zusätzliche Untersuchungsmaßnahme von hoher Aussagekraft. Entsprechend den Empfehlungen der American Society of Radiology wird ab dem 40. Lebensjahr zu einer jährlichen Mammografie als Früherkennungsmethode geraten.

Einstufung der Mammografiebefunde nach BIR-ADS

Die Mammografie wird von vielen Frauen als sehr unangenehm oder schmerzhaft empfunden. Der Röntgenologe benötigt allerdings zur Darstellung der brustwandnahen Drüsenkörperanteile ein genaues Bild, das nur durch erhöhten Druck erzeugt werden kann.
Die Mammografiebefunde werden üblicherweise entsprechend den Empfehlungen der Amerikanischen Gesellschaft für Radiologie nach dem Breast Imaging Reporting And Data System (= BIR-ADS) beurteilt. BIR-ADS bedeutet Karzinomwahrscheinlichkeit.

BIR-ADS	Bedeutung	Karzinomwahrscheinlichkeit	weitere Maßnahmen
0	**Diagnostik unvollständig**	–	Komplettierung oder Wiederholung der Diagnostik
1	**Kein pathologischer Befund**	0%	Kontrolle nur als Vorsorgemammografie
2	**Sicher benigner Befund.** Keine Anzeichen einer malignen Veränderung	0%	Keine Kontrolle
3	**Benigner Befund** wahrscheinlich Befund unklar, Befund am ehesten benigne, der Radiologe sollte sich jedoch von der Unveränderlichkeit der Läsion überzeugen.	1–3%	Kontrolle im empfohlenen Abstand
4	**Suspekter Befund,** Malignom nicht sicher auszuschließen	20–30%	Biopsie empfohlen
5	**Malignomtypischer Befund**	bis 90%	Histologische Abklärung mit adäquater Therapie

Die *Österreichische Gesellschaft für Röntgendiagnositik (OEGR)* empfiehlt folgendes Vorgehen zur Brustkrebsvorsorge und -früherkennung:

- Erste, sogenannte Basisuntersuchung mit 35 Jahren
- Kontrollen in zweijährigen Abständen zwischen dem 40. und 50. Lebensjahr
- Ab dem 50. Lebensjahr jährliche Kontrollen
- Bei familiärer Belastung (Brustkrebsfälle bei Blutsverwandten) ist angesichts des erhöhten Erkrankungsrisikos ein individuelles Vorgehen in Abstimmung mit dem betreuenden Arzt empfohlen. Wurde eine genetische Belastung (BRCA-1/BRCA-2 positiv) nachgewiesen, so gibt es für diese Betroffenen entsprechende, engmaschige Früherkennungsprogramme (siehe Seite 104).

Galaktografie

Bei einer einseitigen Absonderung aus der Brustwarze finden sich als häufigste Ursache Gewebsvergrößerungen in den Milchgängen, die gutartig aber auch bösartig sein können. In diesem Zusammenhang spricht der Fachmann von Raumforderungen. Damit bezeichnet man in der Medizin jede unphysiologische Volumenzunahme einer Struktur im Körperinneren, deren Ursache unbekannt ist. Im engeren Sinn liegt diesem Begriff zugrunde, dass die Volumenzunahme zulasten des Nachbargewebes erfolgt.

Die Ursache für eine beidseitige Milchgangssekretion kann hormonell bedingt sein. Mittels Galaktografie lassen sich Raumforderungen in den Milchgängen abklären. Dazu wird, gegebenenfalls nach örtlicher Betäubung, mit einer feinen Sonde ein Kontrastmittel in den Milchgang eingebracht. Durch anschließende Röntgenaufnahmen kann man den Stopp bzw. die Aussparung des Kontrastmittels, den beispielsweise ein Polyp verursacht, erkennen. Dieser kann dann durch eine gezielte Operation entfernt werden.

Die Galaktografie ist ein Verfahren zur Darstellung der Milchgänge. Das Untersuchungsergebnis ist ein Galaktogramm.

Magnetresonanztomografie (MRT)

Die MRT mit der intravenösen Injektion eines Kontrastmittels besitzt eine Empfindlichkeit von über 97 Prozent, Brustkrebs zu erkennen. Sie kommt erst als Folge eines abklärungswürdigen Befundes der Mammografie zum Einsatz, wobei auch hier die Untersuchung zum optimalen Zykluszeitpunkt (7.–17. Tag) erfolgen soll, um Fehleinschätzungen durch zyklusbedingt dichteres Drüsengewebe zu reduzieren.

Die MR-Mammografie ist in der Beurteilung des Tumorausmaßes allen anderen Methoden überlegen, genauso wie in der Darstellung sogenannter multizentrischer Tumore, wo sie eine Empfindlichkeit von bis zu 100 Prozent aufweist, wenn akzeptiert werden kann, dass in 23 Prozent dieser Fälle die im MR als weiterer Brustkrebsherd diagnostizierte Veränderung dann doch kein Brustkrebs ist. Endgültige Diagnosen sind daher in der Praxis stets in Zusammenschau von MR-Mammografie und Mammografie sowie Ultraschall zu erstellen.

Histologische Abklärung von verdächtigen Befunden (Biopsie)

Bei mammografisch/sonografisch nicht eindeutig als gutartig *(benigne)* oder bösartig *(maligne)* zu beurteilenden Befunden oder aber auch bei dringendem Verdacht auf ein Brustkrebsleiden wird eine Gewebsprobenentnahme durch feine Nadeln in Lokalanästhesie durchgeführt. Dazu wird entweder ultraschallkontrolliert oder durch Mammografiekontrolle eine Nadel bis unmittelbar vor dem Befund vorgeschoben und durch Auslösung eines Mechanismus mit Hochgeschwindigkeit ein winziger Gewebszylinder aus dem abzuklärenden Bereich entnommen. Diese Gewebsprobe wird dann histologisch untersucht. Die Entnahme dieser Gewebsprobe ist völlig schmerzfrei, die Vorteile der histologischen Abklärung von unklaren oder aber brustkrebsverdächtigen Befunden sind folgende:

- Vermeidung unnötiger Operationen durch Bestätigung einer gutartigen Veränderung
- Bei Nachweis von Bösartigkeit Verkürzung der Operationszeit
- Vermeidung von Folgeoperationen durch vorhergehende Planung der endgültigen Operation
- Möglichkeit der Verkleinerung des Tumors durch eine Vorbehandlung mit Chemotherapie oder Hormontherapie. Durchführung der Operation erst nach Verkleinerung des Tumorknotens, dann möglichst als brusterhaltende Operation.

Präoperative Tumormarkierung

Damit der Operateur die Veränderung sicher finden kann, wird das Areal, das operativ entfernt werden soll, vor der Operation aufgesucht und markiert. Der Eingriff erfolgt am Vortag oder am Tag der Operation. Die zu markierende Veränderung wird im Ultraschall oder in der Mammografie dargestellt. Nach Desinfektion der Einstichstelle und einer Lokalanästhesie wird die verdächtige Stelle mit einer Nadel punktiert und durch diese Nadel ein dünner Draht vorgeschoben, der sich mit einem Widerhäkchen verankert. Die Nadel wird dann wieder entfernt, der Draht dient dem Operateur als Wegweiser zur Veränderung. Danach wird der Draht mit einem Verband abgedeckt. Das erkrankte Gewebe wird mit der unverändert liegenden Markierung entfernt. Noch während der Operation wird das entfernte Brustgewebe erneut geröngt und so die vollständige Entfernung des tumorverdächtigen Bezirkes nachgewiesen. Anschließend geht das entfernte Brustgewebe mit liegender Nadel zum Pathologen. Mithilfe der Markierung kann das verdächtige Gewebe sehr genau untersucht werden, die Sicherheit der Diagnose steigt.

Da die Operation das gesunde Brustgewebe schonen soll, werden spezielle Markierungsnadeln nach lokaler Betäubung der Brusthaut in das Gewebe eingebracht.

Die präoperative Herdmarkierung hat somit mehrere Vorteile. Sie ermöglicht eine schonende, kosmetisch nicht entstellende Operationstechnik und bietet dennoch große diagnostische Sicherheit.

Wie sieht mein Tumor aus?

*Interview mit Univ. Prof. Dr. **Margaretha Rudas**, Klinisches Institut für Pathologie MedUni Wien, Vorstandsmitglied der Austrian Breast & Colorectal Cancer Study Group (ABCSG)*

Frau Prof. Rudas, Sie sind Pathologin und eine der wichtigsten, wenn nicht sogar die wichtigste Person bei der Analyse von Brustkrebs-Gewebe. Wie sieht die histologische Abklärung aus?
Nach Entdeckung einer sicht- oder tastbaren Veränderung in der Brustdrüse geht es darum, durch eine feingewebliche (histologische) Untersuchung festzustellen, ob die gefundene Veränderung gut- oder bösartig ist. Relativ einfach lassen sich in örtlicher Betäubung durch ein Stanzgerät unter Einsatz auch des Ultraschalls oder röntgenologischer Methoden mehrere Gewebeproben aus dem verdächtigen Herd in der Brust entnehmen.

Wie viel Zeit liegt zwischen Gewebsentnahme und Diagnose?
Aus einem ca. zwei Millimeter dicken und 1–1,5 Zentimeter langen Gewebezylinder lässt sich durch den Pathologen innerhalb von ein bis zwei Tagen eine erste Diagnose, ob gut- oder bösartig erstellen.

Was geschieht nun nach einem positiven Befund?
Zur Festlegung des Tumorstadiums gehören auch die genaue Tumorgröße, ob und wie viele Lymphknoten, die im Rahmen der Operation aus der Achselhöhle entnommen werden, von Tumorgewebe befallen sind. Die genaue Tumorgröße wird am Operationspräparat makroskopisch (mit dem Lineal) gemessen. Ist der Tumor schlecht zu erkennen, weil er z. B. viel Bindegewebe enthält, wird die Tumorgröße anhand der Histologieschnitte ermittelt.
In vielen Fällen muss also das Ergebnis der feingeweblichen (histologischen) Untersuchung des bei der Operation entnommenen Gewebes abgewartet werden, die mitunter sehr aufwendig ist und mehrere Tage dauern kann.

Ist die Sache mit einer Operation dann erledigt?
Der Tumor selbst wird vom Pathologen in einem aufwendigen Verfahren und äußert sorgfältig untersucht, insbesondere ob alle Ausläufer des Tumors, die vom Chirurgen intraoperativ mit freiem Auge nicht erkannt werden können, mit entfernt wurden. Sollten Tumorausläufer den Abtragungsrand erreichen, so wäre eine nochmalige Operation mit Nachentfernung von Gewebe oder unter bestimmten Umständen sogar die Entfernung der gesamten Brustdrüse erforderlich, um ein örtliches Wiederauftreten des Krebses (Lokalrezidiv) zu vermeiden.

Hannelore S.

Es war 2005, kurz vor meinem vierzigsten Geburtstag, als ich durch Zufall einen kleinen Knoten in meiner linken Brust ertastete. Nach einer Ultraschalluntersuchung verwies mich mein Gynäkologe wegen des Verdachts auf einen Tumor an einen Chirurgen, bei dem ich am gleichen Tag einen Termin bekam. Danach stand fest, dass es sich um ein Mammakarzinom handelte. Es wurde eine brusterhaltende Operation durchgeführt, bei der die Lymphknoten in der linken Achsel entfernt wurden. Nach der Wundheilung begann meine Therapie: Bestrahlungen, Hormontherapie. Nach drei Jahren wurde ich als geheilt entlassen.

Es ging mir wirklich gut. Zweimal im Jahr ging ich zu Kontrolluntersuchungen, und an meine überstandene Erkrankung erinnerten zwei Narben und ein Lymphödem am linken Unterarm. Bei einem Kontrolltermin fünf Jahre nach dem Erstbefund fiel ein erhöhter Tumormarker auf. Ich konnte eigentlich nicht glauben, dass ich krank sein sollte. Es ging mir gut. Natürlich musste der gestiegene Tumormarker abgeklärt werden: Es waren Leber- und Knochenmetastasen vorhanden. Aufgrund der starken Ausbreitung wurde eine palliative Chemotherapie vorgeschlagen. Mir war damals nicht ganz klar, was der Begriff »palliativ« bedeutete, und ich glaubte immer an meine Heilung und an mein Leben. Während der Therapie kam das Wachstum der Metastasen zum Stillstand, sie verkapselten sich. Die schulmedizinische oder konventionelle Therapie ergänze ich seither mit einer homöopatischen Therapie, mit Reiki, mit Klangtherapie und einigen Semestern Yoga. Dazu kommt mein Glaube an die Heilung und die Kraft, die ich daraus beziehe, sowie meine Familie, die an mich glaubt und mir durch graue Tage hilft.

Alle drei bis vier Monate nahm ich meine Kontrolltermine wahr. Auch im Jänner 2015. Alles sah gut aus. Im März 2015 ging ich mit den offenbar guten Befunden zu »meinem« Chirurgen. Er freute sich auch über die Ergebnisse, die ich mitbrachte und meinte, dass wir ein zehnjähriges Jubiläum »feiern« könnten. Bis zur Tastuntersuchung, denn da bemerkte er ein Rezidiv. Ich wurde neuerlich operiert. Gott sei Dank wurden die Knoten so früh ertastet, dass eine Entfernung bis in den gesunden Bereich möglich war. Bei den danach folgenden Untersuchungen wurde festgestellt, dass keine weiteren Lymphknoten befallen waren und dass keine Metastasen in Leber und Knochen vorhanden waren. Seither bekomme ich eine Immun-/Hormontherapie.

Ich möchte hier auch anführen, dass ich nach jeder Erkrankung nach einigen Monaten in mein Berufsleben (Bankenbranche) zurückkehrte, was zu meiner Heilung beiträgt. Ich habe unter meinen Kunden mit vielen jahrelang Kontakt und auch sie geben mir Kraft. Aufgrund der Fortschritte in der Krebstherapie sahen mir Außenstehende nie meine Erkrankung an. Ich finde großartig, was sich in den letzten zehn Jahren in der Krebsforschung und Behandlung getan hat und bin dafür sehr dankbar.

Gerlinde S.

Ich bin 49 Jahre, verheiratet und habe eine 20-jährige Tochter. Am 8. März 2010 hat sich mein Leben innerhalb einer halben Stunde komplett verändert, denn bei meiner jährlichen Vorsorgeuntersuchung wurden ein Knoten in der rechten Brust und eine Veränderung an einem Lymphknoten in der Achsel festgestellt. Ich hatte das Gefühl, dass das alles nur ein schlechter Traum ist, war wie gelähmt und froh, dass ich durch meine Arbeit im Büro ein wenig abgelenkt wurde.

❁

Am 10. März bin ich also mit meinem Befund in die Brustambulanz gegangen. Als nach einer Woche das Ergebnis da war und ich in der Brustambulanz gleich als Erste aufgerufen wurde, war mir alles klar – der Knoten war bösartig! Am 26. März wurde ich operiert, und dabei wurden mir auch alle Lymphknoten in der Achsel entfernt. Am 14. April habe ich mit dem ersten von sechs Zyklen der Chemotherapie begonnen. In der ersten Woche nach der Chemo war mir oft ziemlich übel und ich hatte furchtbare Kreislaufprobleme, aber in der Woche nach der Blutkontrolle hab ich mich immer recht gut gefühlt. Doch der Zeitpunkt, an dem ich die Haare mit dem Handtuch vom Kopf wischen konnte, war einer der schlimmsten für mich. Ich hab mir auch immer wieder im Internet Schmink-Tipps und Infos zum Binden von Tüchern geholt, weil es für mich ganz wichtig war, dass man mir nicht gleich ansieht, dass ich krank bin.

❁

Mit der Chemotherapie war ich Mitte August, also nach 18 Wochen, fertig. Anschließend bekam ich im Krankenhaus Wiener Neustadt 30 Bestrahlungen. Danach war ich zwar furchtbar müde, aber sonst hab ich die Therapie eigentlich ganz gut vertragen. Ich hatte auch nicht allzu große Probleme mit Verbrennungen. Seit September 2010 mache ich zusätzlich noch eine Anti-Hormontherapie und die Misteltherapie. Anfangs musste ich alle drei Monate zu den Kontrolluntersuchungen, jetzt – nach drei Jahren – alle sechs Monate. Bis jetzt sind alle, Gott sei Dank, gut ausgegangen.

❁

Nachdem ich nach 13 Monaten Krankenstand wieder in meinen alten Job im öffentlichen Dienst, den ich sehr gerne ausgeübt habe, zurückgekommen bin, konnte ich mir nicht mehr vorstellen, diese Arbeit bis zu meiner Pension durchzuhalten. Ich hatte täglich mit vielen Menschen zu tun, die vor allem mit ihren Beschwerden und Problemen zu uns gekommen sind – nur: Diese Probleme waren seit meiner Erkrankung für mich persönlich keine Probleme mehr, ich wusste, was es heißt, wirklich mit Problemen konfrontiert zu werden. Ich musste feststellen, dass ich meine beratenden Funktion nicht mehr mit der gewohnten Gelassenheit und Souveränität schaffe, also beschloss ich, dass sich auch in diesem Bereich meines Lebens etwas ändern muss. Diesmal hatte ich Glück – und seit Kurzem habe ich eine leitende Position in einer anderen Abteilung. Auch hier habe ich mit Menschen und ihren Problemen zu tun, doch nun sind sie für mich verständlich und greifbar.

Worum es geht

Wenden wir uns nun Ihrem Befund zu. Sie sind nun in eine Phase eingetreten, die von sehr viel Aktivität geprägt ist. Vorweg möchte ich Sie noch darauf hinweisen, dass es eine große Hilfe sein wird, zum Erstgespräch beim Arzt in der von Ihnen gewählten Klinik eine Vertrauensperson mitzunehmen, denn Sie haben dann die Möglichkeit gemeinsam das gesamte Gespräch noch einmal durchzugehen, um anstehende Fragen zu notieren, die Sie bis zum nächsten Termin sicherlich wieder vergessen haben werden. Ich habe zuvor schon versucht, Sie in die Sprache der Diagnostik einzuführen, nun möchte ich darauf eingehen, wie die Tumoren klassifiziert werden und was das für Sie bedeutet.

Die Tumoren

Ein Tumor ist in aller Regel ohne nützliche Funktion. Ob er gutartig *(benigne)* oder bösartig *(maligne)* ist, muss eine mikroskopische Untersuchung (Histologie, feingewebliche Analyse) zeigen. Damit Sie wissen, wovon Ihr Arzt spricht, wenn er Ihren Brustkrebs beschreibt, möchte ich Ihnen hier ein paar Begriffe näherbringen, mit welchen Sie im Rahmen Ihrer Befundbesprechung konfrontiert werden können. Denn Brustkrebs ist nicht gleich Brustkrebs.

Das Wort »Tumor« bezeichnet lediglich eine lokale Vergrößerung. Es sagt nichts über die Gut- oder Bösartigkeit aus.

Die häufigsten Arten sind das *invasiv duktale* und das *invasiv lobuläre* Karzinom.

- **Duktales Karzinom:** 80 Prozent aller Mammakarzinome sind dem duktalen Karzinom zuzuordnen. Hier geht der Krebs von den Milchgängen aus. Dazu gehören:
  - *Duktales Karzinom in situ:* Der Tumor bleibt innerhalb der Milchgänge.
  - *Invasives duktales Karzinom:* Der Tumor hat die Basalmembran des Milchganges durchbrochen und dringt ins umliegende Gewebe vor.
- **Lobuläres Karzinom:** Diese Art des Brustkrebses tritt mit einer Häufigkeit von etwa zehn bis 15 Prozent auf, wobei sich der Tumor aus dem Gewebe der Drüsenläppchen entwickelt.

Seltenere Formen des Mammakarzinoms sind das *inflammatorische Karzinom* und das *Sarkom.*

- **Inflammatorisches Karzinom:** Hier dringen Tumorzellen in die Lymphbahnen direkt unter der Haut ein und führen zu einer Rötung, Schwellung und Übererwärmung der Brust ähnlich einer Entzündung. Daher der Begriff »inflammatorisch« vom lateinischen Wort »inflammatio« für Entzündung.
- **Sarkom:** Diese Art ist sehr selten, der Tumor entwickelt sich aus dem Binde- oder Fettgewebe der Brust.

Welche Fragen stellen sich beim Erstgespräch mit dem behandelnden Arzt?

Wenn bei Ihnen Brustkrebs diagnostiziert wurde, fragen Sie Ihren Arzt,

- welche Behandlungsschritte erwarten mich, wenn ich mich behandeln lasse?
- Was kann passieren, wenn ich mich nicht behandeln lasse?
- In welchem Fall wäre eine Behandlung nützlich?
- In welchem Fall wäre eine Behandlung schädlich?
- Wer hilft bei der Entscheidungsfindung?

Jede Behandlung hat zum Ziel, den Tumor – und wenn Tochtergeschwülste vorliegen, möglichst auch diese – vollständig zu entfernen oder zu vernichten, sodass eine dauerhafte Heilung möglich ist. Eine solche Behandlung heißt kurative Therapie. Lässt sich dieses Ziel nicht erreichen, versucht man, den Tumor möglichst lange in Schach zu halten.

Bevor Sie sich für eine Behandlung entscheiden:

- Nehmen Sie sich ein paar Tage Bedenkzeit, wenn dies aus medizinischer Sicht möglich ist.
- Verdauen Sie die Diagnose erst einmal und überlegen Sie, was Ihnen jetzt besonders wichtig ist.
- Holen Sie sich bei schwerwiegenden Entscheidungen eine Zweitmeinung ein.
- Sprechen Sie auch mit Familienangehörigen, Verwandten oder Freunden darüber, wenn Sie sich danach fühlen.
- Tauschen Sie sich mit anderen Betroffenen aus, deren Erfahrungen Ihnen vielleicht bei der Entscheidung helfen können.
- Stellen Sie Ihren behandelnden Ärzten alle Fragen, die Ihnen wichtig sind.

Sprechen Sie mit Ihrem Arzt auch darüber, wie sich die einzelnen Therapiemöglichkeiten auf Ihre Lebensqualität auswirken, also auf Ihren körperlichen Zustand, wichtiger aber noch auf Ihr seelisches Wohlbefinden. Im Alltag kommt es leider immer wieder vor, dass für Gespräche zwischen Arzt, Patient und Angehörigen zu wenig Zeit bleibt. Fragen Sie nach und bleiben Sie am Ball: Wenn Ihr Arzt am Besuchstag nicht genug Zeit für Sie hat, fragen Sie ihn, wann Sie ein ausführlicheres Gespräch mit ihm führen können.

Das Wachstumsverhalten der Tumoren

Sobald feststeht, von wo der Tumor seinen Ausgang genommen hat, geht es nun darum festzustellen, wie er sich verhält. Denn unter den Tumoren gibt es schnell und langsam wachsende, aggressivere und weniger aggressive. Das Wachstumsverhalten hängt von verschiedenen Faktoren ab, die sich wiederum auf die Art der Therapie auswirken.

Die Hormonrezeptoren

Eine wichtige Rolle spielt die Hormonempfindlichkeit eines Tumors, die an zwei Rezeptoren untersucht wird, dem *Östrogen-* und dem *Progesteron*-Rezeptor, der auch *Gestagen*-Rezeptor genannt wird. Dabei handelt es sich um jene Stellen, an welchen Hormone andocken. Ist ein Tumor hormonabhängig, benutzen seine Zellen die Hormone als Nahrung, um zu wachsen.

HER2/neu

Ein weiterer Faktor, der über die Tumorbiologie Auskunft gibt, ist der HER2/neu. Die Abkürzung steht für *Human Epidermal Growth Receptor 2,* also »Zelloberflächen-Wachstumsfaktor 2«. Es handelt sich hier um einen Eiweißbaustein an der Oberfläche von Zellen, der eine ähnliche Rezeptorfunktion wie die Hormonrezeptoren hat und damit Wachstumssignale ins Innere der Zelle weitergibt. Bei Patienten, die HER2/neu-positiv als Diagnose haben, erhalten die bösartigen Zellen starke Wachstumsanreize und teilen sich besonders häufig. Daher wächst der Tumor besonders schnell.

Bedeutung der Score-Werte

Ob und in welchem Ausmaß HER2-Rezeptoren an der Zelloberfläche vermehrt sind (HER2-Überexpression), wird durch einen sogenannten Score-Wert ausgedrückt. Nachfolgende Tabelle zeigt die dabei möglichen Ergebnisse bei Verwendung eines immunhistochemischen Tests (IHC):

Score-Wert	Testergebnis	HER2-Expression	Eignung zur Antikörpertherapie
0	negativ	nicht nachweisbar	nicht geeignet
1+	negativ	gering	nicht geeignet
2+	bedingt positiv	mittelgradig	bedingt geeignet weiterer Test notwendig
3+	positiv	hoch	geeignet

Ki67

Das Ki67-Antigen ist ein spezieller Eiweißstoff, den man als Proliferationsmarker bezeichnet. Damit lassen sich im Labor jene Zellen aufspüren, die sich gerade teilen und somit in der Wachstumsphase befinden. Ruhende Zellen schütten diese Eiweißsubstanz nicht aus. Somit erhält der Arzt mit der Ki67-Diagnostik einen prozentualen Wert über die Häufigkeit der Zellteilung und damit über die Wachstumsgeschwindigkeit des Tumors.

Triple-negativer Tumor

Eine tumorbiologische Besonderheit ist das sogenannte triple-negative Mammakarzinom, denn in diesem Fall fehlen die Östrogen- sowie die Progesteron-Rezeptoren ebenso wie der Wachstumsfaktor-Rezeptor HER2/neu. Daher wird dieses Mammakarzinom als dreifach negativ bezeichnet. Leider handelt es sich dabei aber um einen sehr aggressiven und schnellwachsenden Tumor.

TNM-Klassifikation

Mit dem TNM-Klassifikationssystem wird die Ausbreitung bösartiger Tumoren beschrieben: T = Tumor (Beschreibung von Ausdehnung und Verhalten des Primärtumors); N = Nodus (Lymphknoten – Fehlen bzw. Vorhandensein von regionalen Lymphknotenmetastasen; M = Metastasen – Fehlen bzw. Vorhandensein von Fernmetastasen

Primärtumor (T)	**Beschreibung**
Tx	Primärtumor kann nicht beurteilt werden
T0	Kein Anhaltspunkt für das Vorliegen eines Primärtumors
Tis	Carcinoma in situ – nicht invasiv
T1mic	kleinste Invasion (Mikroinvasion) bis 0,1 cm
T1	Tumor < 2 cm
T2	Tumor > 2 cm
T3	Tumor > 5 cm
T4	Tumor jeder Größe mit direkter Ausdehnung auf Brustwand oder Haut

Befallene Lymphknoten (N)	**Beschreibung**
Nx	Lymphknoten können nicht beurteilt werden
N0	keine Lymphknoten befallen
N1	ein bis zwei befallene Lymphknoten in der Achselhöhle
N2	vier bis neun befallene Lymphknoten in der Achselhöhle

Fernmetastasen (M)	**Beschreibung**
Mx	Fernmetastasen können nicht beurteilt werden
M0	Keine Fernmetastasen
M1	Fernmetastasen vorhanden

Veränderungen in der weiblichen Brust

Die gesunde Brust einer erwachsenen Frau besteht zum größten Teil aus Fett und Drüsengewebe. Aussehen, Größe und Beschaffenheit der Brust sind bei Frauen sehr unterschiedlich. Neben dem weichen Brustgewebe sind weiters die Brustwarzen mit dem Warzenhof (Areola) sichtbar und die Talgdrüsen (Montgomerysche Drüsen), die in manchen Fällen ähnlich wie Pickel aussehen.

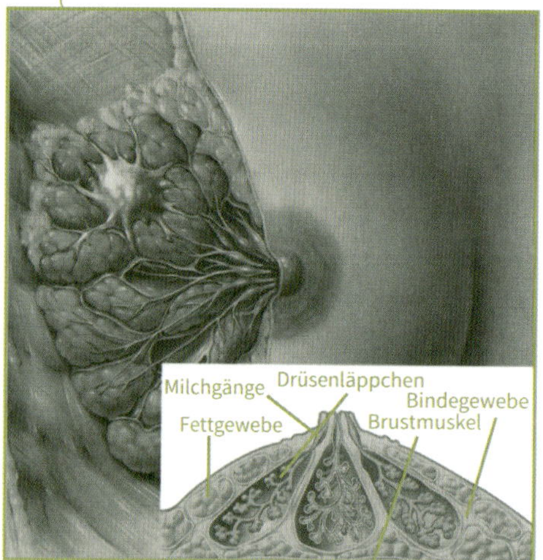

Die Hauptaufgabe der weiblichen Brust ist die Versorgung eines Säuglings mit Muttermilch. Dafür gibt es ein System von Zellen, das ähnlich aufgebaut ist wie ein Bündel Trauben. Die milchausscheidenden Drüsenläppchen (Lobula) wären dabei die einzelnen Beeren, die verzweigten Stränge, in die sie münden sind die sogenannten Milchgänge (Ductuli), die Milch von den Drüsen zur Brustwarze transportieren. Drüsen und Milchgänge sind von Fettgewebe umgeben. So erhält die Brust ihre Form und Weichheit.

Die Menge an Fettgewebe – und somit auch die Größe der Brust – ist von Frau zu Frau verschieden, liegt aber stets auf dem großen Brustmuskel (Musculus pectoralis maior), und wird von zahlreichen Blutgefäßen mit Hormonen und Nährstoffen versorgt. Während des Menstruationszyklus – aber auch in der Schwangerschaft und bei sexueller Erregung – scheinen die Brüste praller, was während des weiblichen Zyklus mit den wechselnden Hormonspiegeln zusammenhängt. Östrogen und später auch Gestagen sorgen dafür, dass sich die Brust durch vermehrte Wassereinlagerung und stärkere Blutfülle verfestigt, die Brustdrüsen schwellen dabei an und vermehren die Zahl ihrer Zellen. Damit bereitet sich der Körper auf eine eventuelle Schwangerschaft und die dann folgende Milchproduktion vor.

Die Brust verändert sich

Im Lauf der Jahre können die Brüste durch diese Veränderungen knotig werden. Diese Knoten bestehen aus Bindegewebe und kleinen Zysten, daher werden sie auch als fibrozystische Brustveränderungen (fibrozystische Masto-

pathie) bezeichnet. Kurz vor der Monatsblutung sind die Knoten ausgeprägter, was meist zu einem Spannungsgefühl führt. Mit dem Beginn der Wechseljahre verschwinden diese Abweichungen meist. Bei Frauen, die östrogenhaltige Medikamente einnehmen oder deren Nebennieren weiterhin große Mengen von Geschlechtshormonen produzieren, können sie aber bestehen bleiben. Ein erfahrener Arzt kann diese gutartigen Veränderungen in der Regel von bösartigen Knoten unterscheiden, da sie sich mit dem Zyklus verändern und sich auch etwas anders anfühlen als ein Brusttumor.
Kleine Gefäße (Lymphgänge) verlaufen zwischen den Lymphknoten und transportieren aus der Brust überschüssige Flüssigkeiten und darin gelöste Verunreinigungen ab. Lymphgänge verlaufen zwischen Schultern und Brustwarzen und führen zu den Lymphknoten in der Achselhöhle sowie zwischen den beiden Brustwarzen. Letztere führen zu den Lymphknoten an den Seiten des Brustbeins, die unter den Rippen liegen.
Lymphgänge und -knoten bilden zusammen das lymphatische System, das ein wichtiger Bestandteil des Immunsystems unseres Körpers ist. Die Lymphknoten enthalten einen besonders hohen Anteil von weißen Blutkörperchen und filtern körperfremde Substanzen und Organismen wie Bakterien, Viren und Tumorzellen heraus. Mehr als 50 Prozent der Tumoren treten im äußeren, oberen Viertel der Brust auf (siehe Grafik linke Seite).

Die Tumorarten

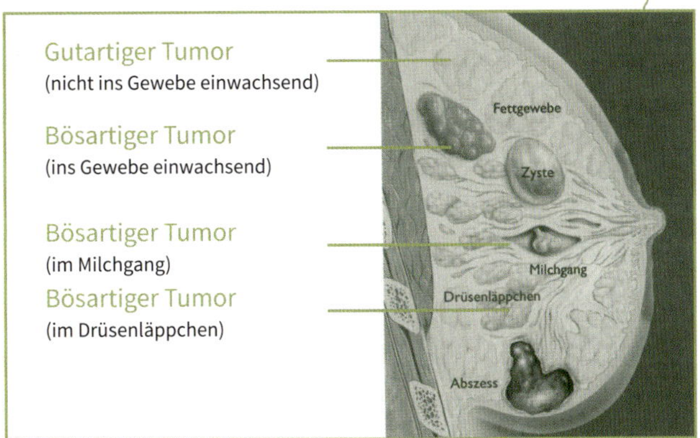

Die Früherkennung spielt die wichtigste Rolle im Kampf gegen Brustkrebs. Damit ist gemeint, dass die Krankheit entdeckt und erkannt wird, bevor sie Beschwerden verursacht.
Der Körper des Menschen besteht aus sehr vielen unterschiedlichen Geweben und Zellen. Dementsprechend unterschiedlich fällt auch das bösartige Wachstum einer Krebsgeschwulst aus.
Es gibt nicht nur eine Form von Brustkrebs, sondern ganz verschiedene Arten. Nach Abschluss der Diagnostik stellen Ihre Ärzte sozusagen den »Steckbrief« Ihres Tumors zusammen, zu welchem Zelltyp der Krebs gehört, wie bösartig er

ist, wie schnell er wächst und wie weit er sich im Körper ausgebreitet hat. Je mehr der Arzt darüber weiß, um welche ganz spezielle Art von Brustkrebs es sich bei Ihnen handelt, desto besser kann er die Behandlungsstrategie darauf abstimmen.

Prinzipiell gibt es zwei große Klassen von Brustkrebs. Zum einen spricht man von den sogenannten nicht infiltrierenden, epithelialen Tumoren oder auch carcinoma in situ. Als solche werden grundsätzlich nur Vorstadien bezeichnet [abgekürzt: DCIS = Ductales (die Milchgänge betreffendes) Carcinoma in situ beziehungsweise CLIS]. Die meisten Fälle von Brustkrebs beginnen in den Oberflächenzellen (Epithelien) der Milchgänge, manchmal auch in den Drüsenläppchen selbst. Solange sich der Brustkrebs auf das Gebiet eines Drüsenläppchens beschränkt, spricht man von einem carcinoma in situ – ein einstweilen nicht-invasives Frühstadium, das vor einer Metastasierung unter Umständen über Jahre ruhen kann **(siehe Grafik 0**: Tumor in natürlicher Lage, umliegende Gewebe nicht betroffen). In diesem ruhenden Stadium ist die Erkrankung zu nahezu 90 Prozent durch eine chirurgische Entfernung des Tumors (eventuell ergänzt um eine Strahlentherapie) heilbar. In Einzelfällen wird auch eine Hormontherapie angewendet; eine Chemotherapie ist dagegen nicht notwendig. Ein unbekannter Prozentsatz dieser Vorstadien entwickelt sich sogar niemals zum invasiven Brustkrebs. Bei jeder fünften Frau, die die Diagnose Brustkrebs erstmalig erhält, handelt es sich um ein DCIS.

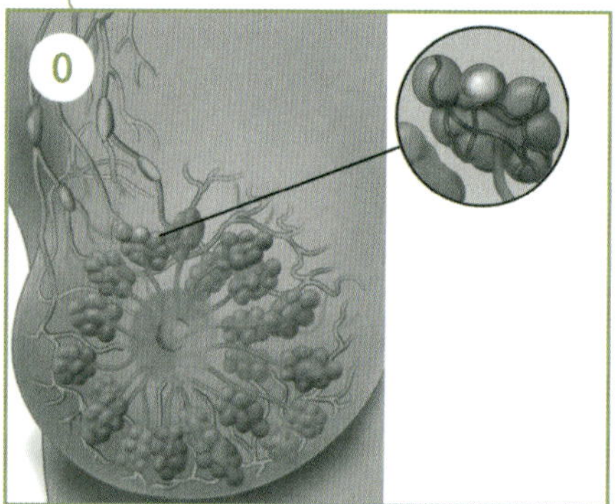

Bisher gibt es keine medizinischen Möglichkeiten vorauszusagen, in welchem Fall eine solche Zellveränderung zu einem späteren Zeitpunkt bösartig wird und in welchem nicht.

Weil dies noch nicht möglich ist, wird allen Frauen mit DCIS empfohlen, sich behandeln zu lassen – auch wenn das für manche Frauen möglicherweise eine nicht notwendige Behandlung bedeutet.

Zum anderen gibt es die große Klasse der sogenannten infiltrierenden, epithelialen Tumoren, die sich wiederum in verschiedene Typen untergliedern. Bei diesen Tumoren haben die Tumorzellen die Wand der Drüsenläppchen oder der Milchgänge durchbrochen und wachsen – je nach Zelltyp mit sehr unterschiedlicher Geschwindigkeit – in das umgebende Fettgewebe der Brust ein.

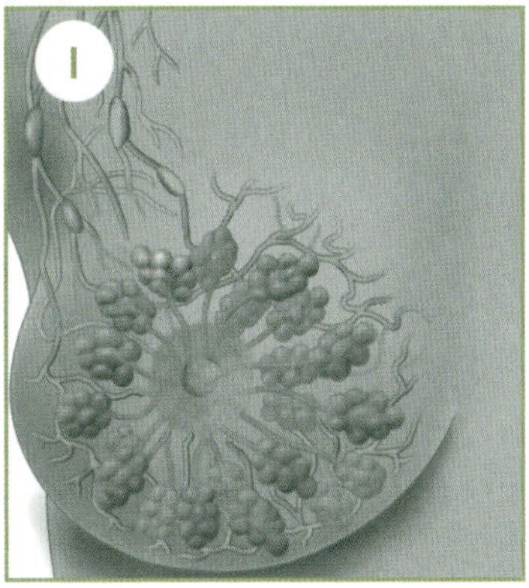

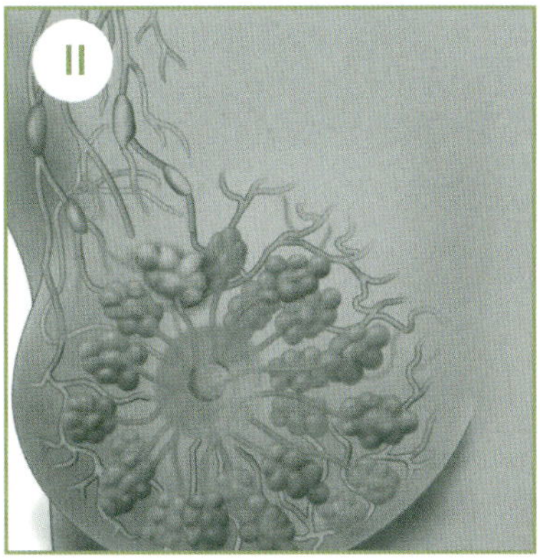

Grafik I:
Nachbargewebe befallen, Tumorgröße maximal zwei Zentimeter, kein Lymphknotenbefall.

Grafik II:
Nachbargewebe befallen, Tumorgröße zwei bis maximal fünf Zentimeter, Lymphknotenbefall möglich, keine Metastasen.

Grafik III:
Nachbargewebe befallen, Tumorgröße mehr als fünf Zentimeter, axilläre Lymphknoten befallen. Gewebebefall nahe der Brust möglich, keine Metastasen.

Grafik IV:
Nachbargewebe befallen. Ausbreitung über Brust und axilläre Lymphknoten hinaus, Fernmetastasen vorhanden (z. B. in Lunge, Knochen, Leber).

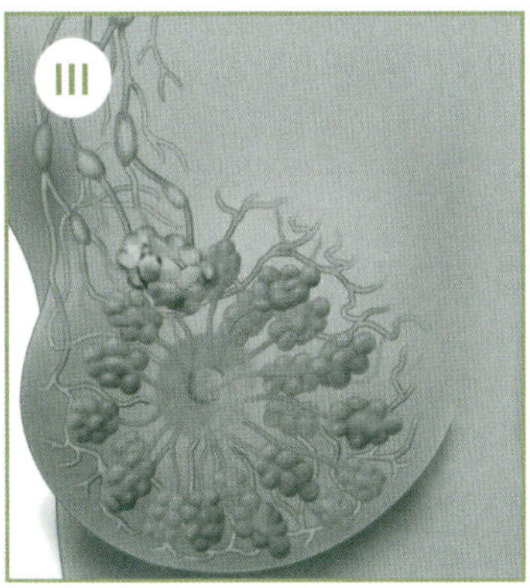

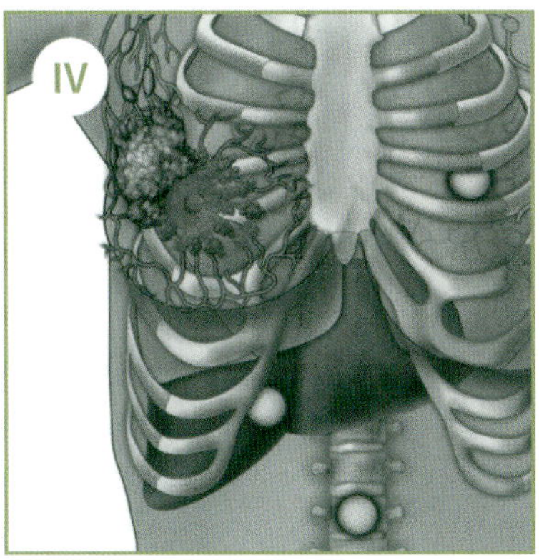

Mit den vorangegangenen Untersuchungen und dem pathologischen Befund hat nun der Arzt zahlreiche Informationen über Ihren Tumor erhalten und weiß, welche Größe er hat, ob er hormonabhängig ist oder nicht und wie schnell er wächst. Das sind sehr wertvolle Daten, die eine individuelle Therapieplanung ermöglichen. Denn es werden keineswegs alle Brustkrebserkrankungen gleich behandelt. Eine Betroffene mit hormonabhängigem Tumor wird eine antihormonelle Therapie für einen Zeitraum von fünf Jahren, gegebenenfalls sogar noch länger, bekommen. Wenn das nicht zutrifft, würde eine solche Behandlung nicht helfen. Auch nicht alle Betroffenen bekommen eine Chemotherapie. Ist der Tumor beispielsweise sehr klein, wenig aggressiv und sind die Lymphknoten noch nicht befallen, kann man häufig auf eine Chemotherapie verzichten. Auch die Frage, ob eine Chemotherapie vor der Operation oder erst danach verordnet wird, hängt ganz vom Krankheitsfall ab. Deshalb ist es auch so wichtig, sich genauestens über den Verlauf der Therapie zu informieren.

Um auf Augenhöhe mit dem Arzt bzw. mit dem Behandlungsteam zu verhandeln, sollten Sie sich Zeit lassen für die Einholung einer zweiten oder dritten Meinung.

Neue Hoffnung

Klinische Studien

Wenn Sie in einem zertifizierten Brustgesundheitszentrum in Behandlung sind, kann es sein, dass Sie das Behandlungsteam danach fragt, ob Sie an einer Studie teilnehmen wollen. Hier einige Informationen über den Hintergrund solcher Studien.

Bei der Erforschung von Brustkrebs erleben wir in den letzten Jahren eine rasante Weiterentwicklung in den Behandlungsmethoden. Um die neuen Erkenntnisse aus der Forschung möglichst rasch für Patienten nutzbar zu machen, werden klinische Studien erstellt, die aufwendig und teuer sind. Sie werden daher nur dann durchgeführt, wenn eine neue Behandlungsform erfolgreicher sein könnte als die bisher üblichen Krebstherapien.

Die Teilnehmer an einer klinischen Studie erhalten häufig als Erste die Chance, neue innovative Therapieansätze zu erfahren. Solche Therapiestudien unterliegen strengen Richtlinien und müssen eine Behandlung nach dem aktuellsten Wissensstand gewährleisten. Wenn man daher als Patient vom behandelnden Arzt nach der Teilnahme an einer solchen Studie angesprochen wird, sollte man nicht von vornherein eine ablehnende Haltung einnehmen. Vielmehr sollte man sich ausführlich über das Ziel der Studie und eventuell notwendige Zusatzuntersuchungen aufklären lassen und dann in aller Ruhe über eine Teilnahme entscheiden.

Durch die regelmäßigen Untersuchungen und die besonders intensive Betreuung des Ärzteteams, die meist über das normale Routineprogramm hinausgehen, erhalten viele Betroffene eine zusätzliche Sicherheit im Umgang mit der Erkrankung.

Brustkrebsforschung in Österreich

Interview mit Univ. Prof. Dr. ***Michael F. X. Gnant****, Vorstand der Universitätsklinik für Chirurgie Wien, Leiter Brustgesundheitszentrum Wien und Präsident der Austrian Breast and Colorectal Cancer Study Group ABCSG.*

Herr Prof. Gnant, vor Kurzem feierten sie bereits 30 Jahre ABCSG. Was können Sie über Ihre Institution sagen?
Ja, 30 Jahre ABCSG war ein Jubiläum und gleichzeitig auch die Möglichkeit, um innezuhalten, was man erreicht hat und was man erreichen will. Es ist eine gemeinsame Anstrengung von bisher 255.000 in Studien eingeschlossenen Patientinnen und der Studiengruppe. Als Präsident freue ich mich, so wie Eltern sich freuen, wenn ihre Kinder gedeihen. Die Patientinnen sind die eigentlichen Heldinnen der Forschung, ohne sie wäre ein Weiterkommen nicht möglich. Sie helfen sozusagen, Wissen zu schaffen.

Wie viele Ärzte sind in Österreich an diesen Studien beteiligt ?
Es sind ca. 100 Ärzte, die unmittelbar daran arbeiten, und 800 aktive Prüfärzte in ganz Österreich. Aber sie werden weniger, denn Interdisziplinarität ist zur Normalität geworden. Große Erfolge machen die nächsten Erfolge schwieriger. Wir befinden uns bereits auf einem sehr hohen Level. Deshalb ist Bodenhaftung sehr wichtig. Die ABCSG wird auf der ganzen Welt bewundert. Es ist nicht so leicht, dies in die Zukunft zu übertragen.

Dennoch freuen wir uns, dass sich das Ergebnis unsere Studie 18 sich sehen lassen kann: Bei Patientinnen, die zur Therapie einen Aromatasehemmer bekommen, konnten durch Osteoporose hervorgerufene Knochenbrüche um die Hälfte reduziert werden, was einen sehr schönen Erfolg bedeutet. Und: Wir verstehen den Feind immer besser, auch wenn Wissenschaft die Grenze zwischen Wissen und Unwissen ist. Schade nur, dass für die Forschung immer weniger Geld zur Verfügung steht.

Natürlich erfolgt die Teilnahme an einer Studie nur mit Ihrer Zustimmung und kann auch jederzeit von Ihnen ohne Begründung abgelehnt oder vorzeitig beendet werden, ohne dass Ihnen dadurch Nachteile entstehen. Der Arzt wird Ihnen dann eine Behandlung entsprechend des heute gültigen Therapiestandards anbieten.

Forschung am Gewebe

Als Vorsitzende einer Patientenorganisation bin ich stets daran interessiert, mich über den neuesten Stand der Forschung zu informieren, um auch ganz praktische Hilfe an alle Mitglieder und Nicht-Mitglieder weiterzugeben. So konnte ich mir in einem Gespräch mit Martin Filipits vom Institut für Krebsforschung der Medizinischen Universität Wien einen Überblick über die neuesten Erkenntnisse aus der molekularen Forschung verschaffen, das mir sehr viel Hoffnung gab. Die molekulare Forschung wird immer wichtiger, wobei aber leider die molekulare Medizin aufgrund der aufwendigen Verfahren nur in speziellen Zentren angeboten werden kann.

Heute steht eine Vielzahl von Verfahren zur Verfügung, mit deren Hilfe das Erbmaterial untersucht werden kann. Ein Beispiel ist der molekularbiologische Test.

Worum geht es? Mittels einer Genanalyse kann vorab abgeschätzt werden, wie hoch die Rückfallsrate, die sogenannte *Rezidivrate*, ist. Das AKH Wien bietet seit Kurzem molekularbiologische Gewebetests an. Die Kosten dafür werden vom AKH übernommen. Derzeit ist das AKH noch das einzige Zentrum in Österreich, das diese Tests anbietet.

Impfung gegen Brustkrebs?

Diagnostik und Therapie von Krebserkrankungen haben innerhalb von wenigen Jahren eine rasante Entwicklung genommen. So wurden genetische Muster entdeckt, die Krebs neu definieren. Besonders interessant ist dabei die wissenschaftliche Entwicklung auf dem Gebiet der Veränderung der Immunabwehr durch eine Gruppe von Antikörpern. Diese sind in der Lage, Tumorzellen zu attackieren.

Zur Erklärung hier ein kurzer Einblick in Begriffe und Vorgänge unseres Immunsystems:

- **Antikörper (körpereigen):** Antikörper, auch Immunglobuline genannt, werden von Plasmazellen produziert. Sie sind spezifische Reaktionsprodukte unseres Organismus und richten sich gegen eingedrungene Fremdkörper.

- **Antigene (körperfremd)** Antigene sind körperfremde Substanzen, sie werden vom Organismus auch als solche erkannt und nicht akzeptiert. Das Immunsystem versucht, sie unschädlich zu machen. Im Normalfall kann das Immunsystem körpereigen und körperfremd unterscheiden. Kann der Körper das nicht und bekämpft körpereigene

Die Tumorbank der ABCSG

Die rasche Entwicklung in der Genom- und Proteomforschung eröffnet neue Perspektiven für die medizinische Diagnostik und Therapie von Krebserkrankungen. Die Austrian Breast and Colorectal Cancer Study Group (ABCSG) will diese Erkenntnisse optimal nutzen und mit einer Tumorbank den Kampf gegen die beiden Krebsarten Mamma- und kolorektales Karzinom noch schneller und noch effizienter führen.

Tumorgewebe enthält wichtige Informationen über genetische und andere molekulare Veränderungen im Tumor, die zur Krebserkrankung führten. Diese Informationen können mittels moderner molekularbiologischer und biochemischer Methoden entschlüsselt und für die Krebsforschung genutzt werden. Voraussetzung dafür ist eine Tumorbank, in der sowohl Tumor- als auch gesundes Gewebe eingelagert und verglichen wird. Die ABCSG verfügt durch ihre jahrelange klinische Forschungsarbeit über eine detaillierte Sammlung von Patientendaten. Das ist eine hervorragende Basis und steigert den wissenschaftlichen Wert einer Tumorbank, die es in dieser Kombination in Österreich noch nicht gibt.

Aufgabe der ABCSG ist es, den Tumorpatienten im Vorfeld bewusst zu machen, dass ihnen kein Schaden durch die Einwilligung entsteht, ihr Tumorgewebe einer Tumorbank zur Verfügung zu stellen. Sie leisten vielmehr einen wesentlichen Beitrag zur Entwicklung neuer diagnostischer und therapeutischer Verfahren. Die Ethikkommission wird, wie bei allen klinischen Studien der ABCSG, als behördliche Überwachungsinstanz herangezogen.

Die Charakterisierung neuer prognostischer Parameter, die Entwicklung neuer therapeutischer Ansätze, sowie die Vorhersage, wie Patienten auf verschiedene Therapien ansprechen werden, sind erstmals in Reichweite und führen Schritt für Schritt zu einer Individualisierung der Tumortherapie.

Mehr zu lesen unter: www.abcsg.at

Strukturen, so nennt man dies Autoimmunerkrankung. Hier wird körpereigenes Eiweiß zum Antigen, der Organismus sieht durch irgendein Fehlverhalten dieses als fremd an und reagiert dagegen. Die Bindung eines Antigens mit einem Antikörper erfolgt mittels Schlüssel-Schloss-Prinzip und führt zur Antigen-Antikörper-Reaktion (Entgiftung durch Bindung und Neutralisation von Bakteriengiften und Viren).

- **Killerzellen:** Killerzellen (zytotoxische T-Lymphozyten, kurz: CTL) gehören zum Immunsystem. Sie erkennen fremde Organismen oder kranke Zellen im Körper und können sie abtöten. Sie können auch Krebszellen erkennen und zerstören – und stehen deshalb schon seit Jahren im Fokus der Krebsforschung.

Veränderungen der Abwehrlage sind sowohl passiv als auch aktiv möglich. Während die passive Immunität mit entsprechenden Antikörperkonzentrationen bei diversen Krebsarten ausgezeichnet eingesetzt werden kann, hinkt die Entwicklung der aktiven Therapie, also der Impfung, noch hinterher.

Die österreichische Studiengruppe für Brust- und Dickdarmkrebs (ABCSG) hat im September 2014 eine Pressemitteilung veröffentlicht, wonach 400 Patientinnen mit primärem Brustkrebs in eine Studie der Phase-II (Dosisfindung, Prüfung des Konzepts) zur Anwendung eines therapeutischen Krebsimpfstoffes noch vor der Operation aufgenommen wurden. So beruht der Impfstoff auf der Hypothese, dass man damit bei Krebserkrankungen, bei denen an der Oberfläche der bösartigen Zellen das MUC1-Protein auftaucht, eine gesteigerte Abwehrreaktion hervorrufen könnte.

Das MUC1-Protein dient auch unter der Bezeichnung »CA 15-3« als Tumormarker zur Verlaufskontrolle von Brustkrebs.

In der Studie erhielten die Patientinnen zum Zurückdrängen des Tumors noch vor der Operation entweder eine Standard-Chemotherapie mit acht Zyklen einer Kombinations-Chemotherapie bzw. einer antihormonellen Behandlung mit Letrozol. Die Hälfte der Patientinnen aus beiden Therapiearmen wurde zusätzlich mit der Vakzine behandelt. Der Impfstoff des deutschen Pharmakonzerns Merck hat allerdings bei Lungenkrebs wenig Wirkung gezeigt, weshalb er auf die weitere Entwicklung der Vakzine verzichtet hat.

Ärzte hoffen nun, mit dem Weg der personalisierten Medizin, bei der jeder Tumor gezielt auf seine besonderen Eigenschaften untersucht wird, den Patienten bald neue therapeutische Möglichkeiten anbieten zu können.

Personalisierte Medizin

Interview mit Univ. Prof. Dr. ***Christoph Zielinski,*** *Vorstand der Klinik für Innere Medizin I – AKH Wien und Leiter der Klinischen Abteilung für Onkologie an der Medizinischen Universität Wien.*

Herr Prof. Zielinski, man hört in letzter Zeit viel von personalisierter Medizin oder maßgeschneiderter Medizin. Was bedeutet das?
Personalisierte Medizin bedeutet, dass die Therapie auf den jeweiligen Tumor zugeschnitten wird, nicht auf die Person. Brustkrebs ist ein gutes Beispiel dafür. Molekularbiologische Untersuchungen, die den jeweiligen Tumor charakterisieren helfen, sind ein zunehmend wichtiger Schritt auf dem Weg zur maßgeschneiderten Therapie. Je nach Hormonrezeptor-Status, HER2-Rezeptor-Status, molekularen Subtypen etc. wird die passende Therapie gewählt. Beim Triple-negativen Tumor wird noch daran geforscht zu verstehen, was das Tumorwachstum fördert.

Was hat es mit dem Projekt EXACT auf sich?
EXACT bedeutet EXtended Analysis for Cancer Treatment, das heißt, dass sich in der Ära der personalisierten Medizin Therapien bösartiger Erkrankungen zunehmend von der organorientierten Therapie entfernen, um sich an den individuellen Merkmalen des Patienten und seiner Erkrankung zu orientieren. In unserem Konzept soll die auf den jeweiligen Tumor und seine molekularbiologische Charakteristik maßgeschneiderte Therapie ausgeweitet werden, indem molekularbiologisch relevante Informationen auf genetischer Ebene entschlüsselt, tumorassoziierte Signalwege und Wachstumsfaktoren analysiert und diese Information mit der Chemosensitivitätsleistung lebender Zellen der jeweiligen Patienten in einem völlig neuen Ex-vivo-Konzept integriert werden. Mit Chemosensitivität wird die Empfindlichkeit von Krebszellen gegenüber wachstumshemmenden Medikamenten, den sogenannten Zytostatika oder Chemotherapeutika, bezeichnet, die im Rahmen der Chemotherapie eingesetzt werden.

Darf ich nachfragen, was ex vivo bedeutet?
Ex vivo (lateinisch für außerhalb des Lebendigen) bezeichnet Verfahren, bei denen lebendes biologisches Material, insbesondere Zellen, Gewebe oder Organe, einem lebenden Organismus entnommen und außerhalb dessen über eine begrenzte Zeit kultiviert wird. Dies ermöglicht Untersuchungen des Materials unter kontrollierten Bedingungen. Daraus resultiert auch der Projektname EXACT. Darauf basierend, beginnen wir in diesem Projekt zunächst mit der individuellen Behandlung von mittels konventioneller Therapien »austherapierten« Krebspatienten.

Ihre Rechte als Patient

Götter in Weiß – das ist ein medial immer wieder strapazierter Begriff, der allerdings sein Ablaufdatum überschritten haben sollte. Ich habe bereits mehrmals erwähnt, dass es wichtig ist, dem Arzt auf Augenhöhe zu begegnen. Bitte, lassen Sie sich nicht einschüchtern, fragen Sie immer wieder nach, wenn Sie etwas nicht verstanden haben. Und sobald ein Mitglied des Behandlungsteams nicht so reagiert, wie Sie sich das wünschen, versuchen Sie, dieselbe Frage an ein anderes Mitglied zu stellen. Auch daran ist leicht erkennbar, ob Sie sich in den richtigen Händen befinden. Es ist wichtig, dass »die Chemie stimmt«, hat diese Metaphorik für einen Krebspatienten doch auch ihre praktische Berechtigung.

Um Ihnen klar vor Augen zu führen, welche Rechte Sie als Patient haben, hier einige Anregungen, sich auch der legistischen Seite Ihrer Situation zu widmen.

Auszug aus der Patienten- und Pflegeanwaltschaft

Was sind Patientenrechte?

Patientenrechte schützen und unterstützen Patienten im Verlauf einer Behandlung in einer Krankenanstalt, bei einem niedergelassenen Arzt (Arzt für Allgemeinmedizin, Facharzt oder Zahnarzt) oder einer sonstigen Einrichtung des Gesundheitswesens (z. B. Betreuung durch einen Rettungsdienst, Apotheke, Physiotherapeuten, etc.). Die Patientenrechte sind in der Patientencharta in übersichtlicher und leicht lesbarer Weise zusammengefasst. Für den Bereich des Sozialwesens z. B. für den Bereich der Pflegeheime sind ähnliche Rechte – dort werden sie Heimbewohnerrechte genannt – geregelt. Diese sind aber von Bundesland zu Bundesland verschieden.

Ihr Recht auf Selbstbestimmung

Sie dürfen grundsätzlich nur mit Ihrer Zustimmung medizinisch behandelt werden. Sollte bei einer Erkrankung die Möglichkeit bestehen, dass Sie über Ihre Behandlung nicht mehr selbst entscheiden können, können Sie im Vorhinein in einer Patientenverfügung festlegen, welche Behandlungsschritte Ihre Ärzte bei Ihnen setzen oder unterlassen sollen.

Sie können Vertrauenspersonen bestimmen, die in allfällige Entscheidungen einbezogen werden müssen. Sie können einen Vorsorgebevollmächtigten erstellen. Auch für die Mitbestimmung von Kindern und Jugendlichen gibt es spezielle Regelungen.

Ihr Recht auf Information über:

- Ihren Gesundheitszustand
- alle Möglichkeiten zur Diagnose und Behandlung
- bekannte Risiken und Folgen von Untersuchungen und Behandlungen
- Ihre erforderliche Mitwirkung und Lebensführung für eine erfolgreiche Behandlung
- die Ihnen voraussichtlich entstehenden Kosten

Ihr Arzt muss Sie so informieren, wie es Ihrem Krankheitszustand, Ihrer Persönlichkeit und Ihrer momentanen Verfassung entspricht. Er muss auf Ihre Fragen eingehen und seine Aussagen für Sie verständlich formulieren. Kinder und Jugendliche müssen je nach ihrem Entwicklungsstand zusätzlich zu ihren gesetzlichen Vertretern informiert werden.

Weitere Rechte haben Sie auf:

- Einsicht in Ihre Krankengeschichte
- eine Abschrift oder Kopie Ihres Krankenaktes
- bestmögliche Schmerztherapie
- Kontakte und Besuche
- seelsorgerische Betreuung und psychologische Unterstützung
- bestmögliche Wahrung Ihrer Intimsphäre
- eine möglichst kindgerechte Ausstattung der Krankenzimmer
- Rücksichtnahme auf einen allgemein üblichen Lebensrhythmus
- ein Sterben in Würde

Patientenrechte und Arzneimittel

Patientenrechte schützen und unterstützen den Patienten im Verlauf einer Behandlung in einer Krankenanstalt, bei einem niedergelassenen Arzt oder einer sonstigen Einrichtung des Gesundheitswesens.

Arzneimittel sind Stoffe, die im Wesentlichen auf den Organismus wirken und dazu bestimmt sind, Krankheiten zu heilen, zu lindern, zu verhüten und zu erkennen. Auch homöopathische Arzneimittel gelten als Medikamente, sofern sie nach homöopathischen Grundsätzen und Verfahrenstechniken hergestellt und im Arzneimittelregister eingetragen sind.

Weitere Informationen finden Sie unter: www.patientenanwalt.com

Medizinische Behandlung in einem anderen EU Land: Welche Rechte haben wir?

Wir haben das Recht, uns in einem anderen Mitgliedsstaat der EU medizinisch behandeln zu lassen und haben Anspruch darauf, die Behandlungskosten ganz oder teilweise in unserem Versicherungsland erstattet zu bekommen.

Wir haben Anspruch auf Informationen über die für uns infrage kommenden Behandlungsmöglichkeiten, die Qualitäts- und Sicherheitsstandards des Gesundheitswesens in anderen EU-Ländern und darüber, ob ein bestimmter Anbieter berechtigt ist, medizinische Leistungen zu erbringen.

Wir haben das Recht auf Erstattung der Behandlungskosten. Das EU-Recht verpflichtet Krankenversicherer, Gesundheitsbehörden und Gesundheitsdienstleister, uns bei der Wahrnehmung dieser Rechte zu unterstützen. Unser Versicherungsland ist für die finanziellen Aspekte unserer Auslandsbehandlung zuständig. Außerdem muss es eine angemessene medizinische Versorgung vor und nach der Behandlung gewährleisten. Wenn wir uns in einem anderen EU-Land behandeln lassen, haben wir dieselben Rechte wie die Bürger dieses Landes. Für die Behandlung gelten die dortigen Vorschriften und Standards.

Was wir vor einer Auslandsbehandlung klären sollten:

- Besprechung der Behandlung mit dem behandelnden Arzt
- Sorgfältige Planung der Behandlung im Ausland
- Klären der finanziellen Seite mit der nationalen Kontaktstelle oder dem Versicherer
- Sicherstellung, dass die notwendige Nachbehandlung erfolgen kann

Weitere Informationen über diese Rechte finden Sie unter: www.europa.eu/youreurope

ELGA rettet Leben

Die Einführung von ELGA ist ein sinnvoller Beitrag zur Vermeidung von teuren und oft leidvollen Umwegen zur Gesundung. Ich möchte hier kurz aufzeigen, was ELGA leisten kann und soll.

Was ist ELGA?

ELGA steht für »elektronische Gesundheitsakte« und ist ein Projekt von Bund, Ländern und der österreichischen Sozialversicherung. Das entsprechende Gesetz ist 2013 in Kraft getreten. Seit 2015 wird das System kontinuierlich mit Daten befüllt. Über das Internet-Portal www.gesundheit.gv.at besteht die Möglichkeit, sich mit ELGA vertraut zu machen. Es handelt sich dabei um ein Informationssystem, das Verweise auf Gesundheitsdaten von ELGA-Teilnehmern zur Verfügung stellt. Die Gesundheitsdaten werden nicht zentral gespeichert, sondern lediglich die Information, dass entsprechende Daten zur Verfügung stehen und von berechtigten Gesundheitsdienstanbietern (niedergelassenen Ärzten, Spitälern, Labore etc.) abgerufen werden können.

Die Originaldokumente bleiben dort gespeichert, wo sie entstehen und wo sie auch heute gespeichert sind: beim behandelnden Arzt. Neu ist, dass es für Gesundheitsdienstanbieter mit ELGA die Möglichkeit gibt – nach Zustimmung des Patienten – die Dokumente abzurufen. Dadurch stehen einerseits dem Arzt Informationen für eine bestmögliche Behandlung zur Verfügung, andererseits können Doppel- oder gar Mehrfachuntersuchungen vermieden werden. Ein Teil der ELGA wird die e-Medikation sein. Hier werden verordnete und bezogene Medikamente gespeichert, um Kontraindikationen (Wechselwirkungen bei Einnahme mehrerer Präparate) und auch Mehrfachverordnungen erkennen und vermeiden zu können.

Doppel- oder Mehrfachuntersuchungen können mit ELGA vermieden werden, verordnete Medikationen werden gespeichert und nur nach Zustimmung des Patienten abgerufen.

ELGA dient also in erster Linie der Sicherheit der Patienten sowie der Verbesserung der Behandlungsqualität. Warum sollten also Patienten austreten, wenn es um ihren persönlichen Vorteil geht?

Die Argumente (der Hausärzte) dagegen konnten mich nicht überzeugen:
- Mehrarbeit für den Arzt
- Bürokratie
- Viele Patienten haben keinen Internet-Zugang (den sie auch nicht dafür brauchen)

Fakt ist vielmehr, dass ELGA Folgendes ermöglicht:
- Eine sinnvolle Vernetzung von Gesundheitsdaten
- Vermeidung von unnötigen Doppelbefundungen
- Durchgehende Protokollierung (es kann genau festgestellt werden, wann wer in meine Akte Einsicht genommen hat)
- Vermeidung von Missverständnissen und Übertragungsfehlern (Doppelverordnungen, Fehldosierungen, Arzneimittelinteraktionen, Kommunikationsirrtümer)

Beispiel für einen Fehler, der bis zum Tod eines Patienten führen kann:
Eine ältere Dame wird wegen eines Oberschenkelhalsbruchs ins Krankenhaus gebracht. Sie muss zum Aufnahme/Anamnese-Gespräch ihre Medikamentenliste vorweisen.
Alltag:
- Sie hat keine dabei
- Sie hat ein Säckchen mit ihren Medikamenten mit
- Sie zählt auf, welche Medikamente sie einnimmt

Der Arzt schreibt mit »Ärztehandschrift« auf, was er hört. Das muss nicht unbedingt das sein, was die Patientin sagt (Sender-Empfänger-Problem). Nun passiert ein verhängnisvoller Fehler. Der Arzt veranlasst die Gabe eines Medikaments täglich statt wöchentlich. Die Patientin landet nach einigen Tagen auf der Intensivstation …

Kapitel II

Welche Therapie ist für mich die richtige?

Welche Therapie ist für mich die richtige?

Der Weg aus der Krankheit

Sobald Sie Ihre Befunde in Händen halten, sich dem Behandlungsteam in einem zertifizierten Brustgesundheitszentrum anvertraut und mit allen Möglichkeiten der Therapie konfrontiert gesehen haben, ist es Zeit, sich einen Überblick darüber zu verschaffen, was als nächstes auf Sie zukommt. Deshalb hier eine Einführung in die einzelnen Schritte auf dem Weg aus der Krankheit.

Die Operation

Die **brusterhaltende Operation (BET)** gilt heute als Standardbehandlung bei Brustkrebs. Lange Zeit dachte man, nur die komplette Entfernung der Brust (Mastektomie, Ablatio) könne den Krebs vollständig beseitigen. Heute weiß man, dass die Heilungschancen genauso gut sind, wenn der Tumor mit einem ausreichenden Sicherheitsabstand herausgeschält und die Brust anschließend bestrahlt wird.

Immer mehr Frauen können inzwischen brusterhaltend operiert werden. Durch gezielte Screening-Maßnahmen wird Brustkrebs zunehmend in frühen Stadien entdeckt, wenn der Krebs noch klein ist. Auch für manche Frauen mit großen Tumoren kann eine brusterhaltende Operation infrage kommen. Möglicherweise kann eine Chemotherapie vor der Operation (neoadjuvante Therapie) den Krebs so verkleinern, dass der Operateur nicht die gesamte Brust abnehmen muss. Alternativ kommt auch eine Strahlentherapie zur Verkleinerung infrage.

Ob eine Frau brusterhaltend operiert werden kann oder nicht, hängt von mehreren Faktoren ab. So darf der Tumor beispielsweise nicht zu groß im Verhältnis zur Brust sein, er darf nicht in die Haut oder die Brustwand eingewachsen sein und es dürfen sich nicht mehrere Krebsherde in verschiedenen Quadranten der Brust befinden *(multifokal)*. Eine BET ist meist möglich, wenn mehrere (kleine) Tumoren im gleichen Quadraten der Brust liegen *(multizentrisch)*. Entscheidend ist, dass der Operateur einen ausreichenden Sicherheitsabstand berücksichtigt. Dies bedeutet, dass er etwas gesundes Brustgewebe um den Tumor herum mit entfernt. So stellt man sicher, dass am Rand des Tumors keine Krebszellen zurück bleiben.

Unter einer **Mastektomie** versteht man die ein- oder beidseitige Entfernung der Brustdrüse. Andere Bezeichnungen für diese Operation sind Brustamputation oder *Ablatio mammae*. Die Wahl des Operationsverfahrens trifft der behandelnde Arzt in Absprache mit der Patientin je nach Grund für den Eingriff. Gegebenenfalls lässt sich die entfernte Brustdrüse noch im selben Eingriff wiederherstellen, zum Beispiel durch Silikonimplantate oder Eigenfett.

Lymphknoten, die von Krebs befallen sind, müssen entfernt werden, um die Erkrankung heilen zu können. Allerdings konnte der Operateur bisher nicht wissen, ob oder welche Lymphknoten überhaupt Krebszellen enthalten. Werden viele Lymphknoten im Bereich der Achselhöhle entfernt, besteht die Gefahr, dass sie unnötig entfernt werden. Dies könnte vor allem bei Frauen der Fall sein, deren Tumor früh entdeckt wurde.

Beim **Wächterlymphknoten**-Verfahren wird der erste Knoten der Lymphstrombahn ausfindig gemacht, während der Brustkrebsoperation entfernt und auf Krebszellen hin untersucht. Das Aufspüren des Wächterlymphknotens geschieht, indem man ihn mit einem Farbstoff oder einem schwach radioaktiven Eiweißpräparat markiert.

Findet der Pathologe im Wächterlymphknoten-Präparat keine Krebszellen, kann auf die Entfernung der anderen Lymphknoten verzichtet werden. Nur wenn der Wächterlymphknoten Krebszellen enthält, werden die anderen bis zu 15 Lymphknoten im Achselbereich ebenfalls entfernt.

Fällt die Operation im Bereich der Achselhöhle aufgrund dieses Verfahrens kleiner aus, treten erheblich seltener Probleme wie eine Bewegungseinschränkung des Arms, Gefühlsstörungen oder ein Lymphstau auf. Die Betroffenen sind nach der Operation schneller wieder fit und können bald wieder Sport treiben.

Fragen vor der Operation:

- Welche Art der Operation wird bei mir durchgeführt?
- Muss die Operation sofort stattfinden oder habe ich noch ein bisschen Bedenkzeit?
- Wenn nicht brusterhaltend operiert werden kann: Welche Möglichkeiten für einen Wiederaufbau der Brust gibt es?
- Wie wird es mir nach der Operation gehen?
- Werde ich Schmerzen haben? Wie werden sie behandelt?
- Brauche ich außer der Operation noch weitere Behandlungen? Welche?
- Welche Komplikationen können während und nach der Operation eintreten?
- Wann kann ich meinem gewohnten Tagesablauf wieder nachgehen?
- Wie oft und in welchen Abständen muss ich zur Nachkontrolle?
- Wie sieht diese Nachkontrolle aus? Was wird gemacht?
- Kann ich nach der Operation nach Hause gehen oder brauche ich eine Rehabilitation?

Die Strahlentherapie

Die Strahlentherapie ist schon lange eine wichtige Säule in der Behandlung des Mammakarzinoms, wurde aber vor allem in den letzten Jahren erheblich weiterentwickelt und verbessert. So ist es heute möglich, die Strahlendosis sehr exakt auf den gewünschten Bereich zu fokussieren. Dadurch können umliegendes Gewebe und Organe weitgehend vor unerwünschter Strahlenbelastung geschützt werden, was die Nebenwirkungen verringert und die Behandlung besser verträglich macht.

Nach einer brusterhaltenden Operation ist eine *adjuvante Radiotherapie,* wie man im medizinischen Fachjargon sagt, derzeit der therapeutische Standard. Sie dient dazu, eventuell verbliebene Krebszellen abzutöten. Bestrahlt wird dabei die gesamte Brust.

Welche große Bedeutung die Bestrahlung nach einer brusterhaltenden Therapie hat, belegen wissenschaftliche Untersuchungen: Die Rate der Frauen, die innerhalb von zehn Jahren nach der Erstbehandlung ein Lokalrezidiv entwickeln, wird dadurch von 30 bis 40 Prozent auf fünf bis zehn Prozent gesenkt. Darüber hinaus konnte gezeigt werden, dass durch die adjuvante Strahlentherapie nach 15 Jahren auch die Sterblichkeit an Brustkrebs abnimmt.

Der Körper von Rauchern ist schlechter durchblutet als jener von Nichtrauchern. Das kann dazu führen, dass eine Chemo- oder Strahlentherapie weniger gut wirkt.

Anders als bei der brusterhaltenden Operation ist nach einer Mastektomie eine Bestrahlung nicht immer erforderlich, sondern nur unter bestimmten Umständen. Sie wird beispielsweise dann empfohlen, wenn der Tumor sehr groß war, zahlreiche Achsellymphknoten befallen waren, der Tumor in die Brustwand eingewachsen ist oder mehrere Geschwülste vorhanden waren.

In der Regel beginnt die Radiotherapie, sobald die Wundheilung abgeschlossen ist – das heißt innerhalb von vier bis acht Wochen nach dem Eingriff. Erhält die Frau in diesem Zeitraum schon eine Chemotherapie, wird erst nach deren Abschluss bestrahlt. Eine Hormontherapie hingegen hat keinen Einfluss auf den Beginn der Bestrahlung.

Die Radiotherapie selbst erstreckt sich über etwa sechs Wochen. In dieser Zeit wird die Frau an mehreren Tagen der Woche mit einem Teil der Gesamtdosis bestrahlt. Dieses *fraktionierte Bestrahlung* genannte Vorgehen gibt dem gesunden Gewebe die Möglichkeit zur Erholung und minimiert die Nebenwirkungen.

Kann ich selbst etwas für meine Haut tun?

Die bestrahlte Haut ist gegenüber mechanischen Reizen empfindlich und darf ab der ersten Bestrahlung bis drei Wochen nach Ende der Behandlung nicht mechanisch beansprucht werden. Deshalb sollten Sie örtlich Folgendes vermeiden: hautreizende Seifen, Kratzen, Bürsten, Frottieren, Anwendung von Alkohol, Benzin, Äther, Deospray, hautreizende Pflaster, (Rheuma-)Einreibemittel, Wärmebehandlung (warme und heiße Umschläge, Infrarotbestrahlung oder Höhensonne) sowie beengende und scheuernde Kleidungsstücke (vor allem aus Kunstfasern). Bei intakter Haut sind keine speziellen Pflegemaßnahmen notwendig.

Patricia E.

Als erfolgsorientiertes Karrieregirl in der Werbe- und Marketingbranche, arbeitete ich nicht nur harte und lange Nächte, sondern baute mir auch einen wunderbaren Panzer durch Leistungsdruck und Versagensangst auf. Ich funktionierte wunderbar, jeder der mich durchschauen konnte wusste, dass er nur auf dem Klavier der Bestätigung spielen musste. Und schon überhörte ich meine Bedürfnisse, ging über meine körperlichen Grenzen und hechelte dem persönlichen Erfolg nach. Den ich natürlich damals nie bekam. Und dennoch – da war noch ein Traum, jedoch schien er schier unerreichbar. Ein Traum von Unabhängigkeit und Folge-deinem-Herzen, ein Traum rund um Genuss, Zufriedenheit und Freude. Heute weiß ich, dass selbst die Umwege bis zur Erfüllung dazu notwendig waren. Ein Umweg war meine Brustkrebserkrankung mit 41 Jahren.

Es zog mir den Boden unter den Füßen weg. Ich wollte es nicht glauben, und dann sollte es auch keiner wissen, denn ich war ja plötzlich nicht mehr perfekt. Nicht einmal meine Eltern sollten davon erfahren. Ich erinnere mich an die Blicke der Menschen, denen ich es dann später irgendwann erzählte: Sie reagierten mit einer Mischung zwischen Mitleid, Schreck und Tränen in den Augen. Es gab sogar manche, die glaubten, ich sei bald tot. Glücklicherweise bekam ich keine Chemotherapie, wurde mit einer endokrinen Therapie über drei Jahre und mit Bestrahlungen behandelt – meine schöne lange Löwenmähne blieb, ich hatte also nach außen hin keinen erkennbaren Makel.

Zu Beginn ging ich mit meiner Krankheit wie mit einer geschäftlichen Herausforderung um. Zuerst mal raus mit dem Tumor und dann zurück zum Alltag. Doch es kam anders. Nach einem psychischen Hoch kam es zum unglaublichen Absturz. In meiner anfänglichen Euphorie schloss ich mein Büro und entzog mir dadurch die berufliche und existenzielle Basis. Ich fiel in ein tiefes Loch – begleitet von Nebenwirkungen meiner Nachbehandlung, die mir den Mut nahmen, mein Leben tatsächlich zu ändern.

Und dann kam die Wende. Ich überwand meinen Stolz und bat meine Freunde um Hilfe, denn bis dahin wusste ja auch keiner von meinen Nöten. Ich hatte den Schein nach außen gewahrt. Ich machte Meter um Meter, bekam die Chance, bei Freunden meinen unternehmerischen Selbstwert wiederaufzubauen. Nun war es auch an der Zeit, wieder in mich hinein zu hören, denn es meldete sich wieder mein Verlangen zur Verwirklichung meines Traums. Also begann ich an der Umsetzung zu arbeiten. Auf meinen vielen Auslandsaufenthalten in meinem alten Leben hatten mich immer die Food-Konzepte für schnelles, gesundes Essen interessiert. Als ehemaliger Workaholic war oft das schnelle Weckerl vom Bäcker ums Eck die einzige Option. Nachhaltige Ernährungskonzepte waren auch 2007 in Wien noch kaum vorhanden, so machte ich mich an die Recherche und fand genau das richtige, wissenschaftlich fundierte Ernährungskonzept für Berufstätige: Brainfood.

Die medikamentöse Therapie

Nun haben Sie die lokalen Therapien überstanden, der diagnostizierte Tumor ist aus Ihrem Körper entfernt worden, Sie brauchen freilich nun eine Erholungsphase, um sich den weiteren Herausforderungen einer Krebstherapie stellen zu können.

Die Gabe von Medikamenten bezweckt vor allem, eventuell noch vorhandene Krebszellen im Körper abzutöten, weil diese möglicherweise zu Tochterzellenabsiedlungen *(Metastasen)* führen. Diese Zellen sind so klein, dass sie niemand nachweisen kann. Sie werden Schläferzellen genannt und haben die Tendenz, sich nach einer gewissen Zeit wieder zu vermehren und Metastasen zu bilden, sei es im Knochen, in der Leber oder in der Lunge.

Die *adjuvante* – vom Lateinischen »adiuvare« für unterstützen – medikamentöse Therapie zur Behandlung von Brustkrebs besteht aus drei Komponenten:

- die antihormonelle Therapie,
- die Antikörpertherapie und
- die Chemotherapie.

Es kann für die einen Betroffenen ausreichend sein, nur eine Therapie verabreicht zu bekommen, für andere ist allerdings eine Kombination von zwei oder sogar drei Behandlungen nötig. Wie zuvor schon erwähnt, wird hier von Fall zu Fall entschieden, welcher der erfolgreichste Zugang sein wird. Ich möchte Ihnen hier nur kurz erklären, worum es bei diesen drei Formen der medikamentösen Therapie geht.

Die antihormonelle Therapie

Ist der Hormonrezeptorstatus positiv, kommt die Patientin für eine Hormontherapie infrage. Das Grundprinzip dieser Behandlungsmethode besteht darin, den wachstumsfördernden Effekt von Östrogen auf den Tumor zu unterbinden. Um das körpereigene Hormon auszuschalten, gibt es verschiedene Wege. Eine entscheidende Rolle bei der Wahl der Methode spielt der Menopausenstatus, also ob die Frau noch ihre Monatsblutung hat oder nicht.

Hormontherapie vor den Wechseljahren

Bei Frauen vor der Menopause mit Hormonrezeptor-positivem Mammakarzinom ist die Hormontherapie mit der Substanz *Tamoxifen* Standard. Tamoxifen blockiert den Östrogenrezeptor, wodurch Tumorzellen der Wachstumsreiz entzogen werden soll.

Insbesondere bei jüngeren Patienten erfolgt in der Regel eine Kombination mit sogenannten *GnRH-Analoga.* Diese Medikamente unterdrücken die Produktion von Geschlechtshormonen in den Eierstöcken. Sie werden abhängig vom Präparat alle vier Wochen oder alle drei Monate als Depotspritze unter die Haut gegeben. Allerdings führt das allein nicht zu einem kompletten Östrogenentzug, da beispielsweise auch Fettzellen sowie die Tumorzellen selbst Hormone produzieren, allerdings in geringeren Mengen. Das ist der Grund, weshalb eine alleinige Therapie mit GnRH-Analoga heute nur selten zur Anwendung kommt.

Hormontherapie nach den Wechseljahren

Nach der Menopause (bedeutet, dass die Menstruation bereits seit über einem Jahr ausgeblieben ist) produzieren zwar die Eierstöcke keine Östrogene mehr, gebildet wird das Hormon aber auch weiterhin, wenn auch in geringerer Menge – vom Fettgewebe, den Muskeln und in den Krebszellen selbst. Deshalb ist auch nach den Wechseljahren bei Frauen mit hormonempfindlichem Brustkrebs eine Anti-Hormontherapie angezeigt. Studien zeigen, dass sich so die Wahrscheinlichkeit, ein Rezidiv zu erleiden oder an der Krankheit zu versterben, um etwa ein Drittel senken lässt. Eingesetzt werden in der Anti-Hormontherapie entweder Antiöstrogene oder Aromatasehemmer. Letztere blockieren ein Enzym, das für die Umwandlung eines Östrogenvorläufermoleküls (Androgen) in Östrogen verantwortlich ist – die sogenannte *Aromatase* – und verhindern so die Bildung des Geschlechtshormons. Antiöstrogene hingegen unterbinden die Östrogenwirkung, indem sie Östrogenrezeptoren besetzen und blockieren. *Tamoxifen,* das bekannteste und am besten untersuchte Medikament dieser Substanzgruppe, entfaltet diesen Effekt spezifisch an Brustkrebszellen.

Aromatasehemmer unterbinden die Bildung von weiblichen Geschlechtshormonen, die einen Wachstumsreiz für die Krebszellen darstellen. Die möglichen unerwünschten Wirkungen ähneln Wechselbeschwerden.

Die Antikörpertherapie

Wenn die Tumorzellen HER2/neu-positiv sind und Wachstumsfaktoren produzieren, wird die Antikörpertherapie eingesetzt. Heute ist es möglich, ein spezifisches Medikament zu verabreichen, das ganz gezielt diese Wachstumsfaktoren bremst. Dabei handelt es sich um einen monoklonalen Antikörper namens *Trastuzumab,* der unter dem Handelsnamen *Herceptin* bekannt ist. Diese Substanz blockiert die Rezeptorstellen, wodurch die Wachstumssignale nicht mehr ins Zellinnere geleitet werden. Dadurch verlangsamt sich das Tumorwachstum und wird letztlich gänzlich gestoppt. Zusätzlich stimuliert der Antikörper das Immunsystem, da die Tumorzellen durch ihn markiert und für die körpereigene Abwehr sozusagen sichtbar geworden sind. Das Immunsystem entsorgt nun die bösartigen Zellen selbst.

Subkutane Behandlung bei HER2-positivem Brustkrebs

Bisher konnte die Therapie nur intravenös – also als Infusion – verabreicht werden. Die Gabe dauerte 30 bis 90 Minuten. Die neue subkutane Gabe – also eine einfache Injektion – nimmt nur zwei bis fünf Minuten in Anspruch. Patienten müssen so weniger Zeit im Krankenhaus verbringen. Forschungserkenntnisse haben gezeigt, dass ein möglichst normales Leben und viel Zeit mit Freunden und der Familie das Befinden und die Lebensqualität von Brustkrebsbetroffenen deutlich verbessern.

Die Chemotherapie

Neoadjuvante Chemotherapie

Bei einer neoadjuvanten Chemotherapie verabreicht der Arzt die Medikamente vor der Operation. Damit kann der Tumor so verkleinert werden, dass anschließend eine brusterhaltende Operation möglich ist. Auch wenn der Krebs zu groß ist, um vollständig entfernt werden zu können, kann eine neoadjuvante Chemotherapie sinnvoll sein. Sie kann die Geschwulst so verkleinern, dass danach eine Operation möglich wird.

Zytostatika greifen schnell wachsende Zellen an. Da sich Tumorzellen im Gegensatz zu gesunden Zellen besonders schnell teilen, wirken Zytostatika selektiv auf Tumorzellen.

Adjuvante Chemotherapie

Eine adjuvante Chemotherapie soll die Heilungschancen nach einer Operation und/ oder Bestrahlung verbessern. Sie soll Tumorzellen töten, die möglicherweise im Körper zurückgeblieben sind, und verhindern, dass der Krebs irgendwann wiederkommt *(Rezidiv)* oder dass sich an anderen Stellen des Körpers Tochtergeschwulste *(Metastasen)* bilden. Der Begriff *adjuvant* kommt aus dem Lateinischen und bedeutet *unterstützen* oder *helfen*.

Palliative Chemotherapie

Hat sich der Krebs bereits so weit im Körper ausgebreitet, dass er nicht mehr heilbar ist, kann eine Chemotherapie zumindest die Beschwerden lindern und Komplikationen verhindern. In diesen Fällen bezeichnen Ärzte die Behandlung als palliative Chemotherapie. Die Lebensqualität der Patienten steht hierbei im Mittelpunkt.

Wie läuft die Chemotherapie ab?

- Ihre Chemotherapie ist für Sie maßgeschneidert, das heißt, sie wird nach Ihrem ganz persönlichen Krankheitsbild festgelegt.
- Sie erhalten die Medikamente in regelmäßigen Abständen.
- Die Medikamente werden Ihnen über einige Stunden hinweg als Flüssigkeit in die Vene (Infusion) gegeben oder in Tablettenform verabreicht.
- Jede Infusion oder Tablettengabe nennt man einen Zyklus.
- Insgesamt gibt es mindestens drei bis sechs Zyklen. Wie viele Sie bekommen werden, hängt von Ihrem Befund ab.
- Zwischen den einzelnen Zyklen liegt eine Pause von einer bis zu drei Wochen.
- Die Chemotherapie kann ambulant oder stationär erfolgen.

Besprechen Sie bitte vor dem Beginn der Chemotherapie alle Risiken mit Ihrem Arzt und informieren Sie ihn über jede noch so kleine Infektion.

Das Immunsystem ist das natürliche Abwehrsystem des Körpers. Seine Aufgabe ist es, vor Infektionen und anderen Erkrankungen, also auch Krebs, zu schützen. »Alles, was als *nicht-eigen* erkannt wird, stößt die Körperabwehr ab«, erläutert Univ. Prof. Dr. Christoph Zielinski, Leiter der Klinischen Onkologie am AKH Wien. *Eigen* bedeutet in diesem Zusammenhang, dass etwas identisch mit den Eigenschaften des jeweiligen Organismus ist.
Nicht-eigen können Bakterien, Viren oder körperfremdes Gewebe (z.B. nach Transplantationen) sein. Dringt etwa ein Bakterium in den Körper ein, erkennt es das Immunsystem als fremd und greift es an *(Immunantwort)*. Jetzt können aber bestimmte Gewebe – wie beispielsweise ein Fötus –, die nicht-eigen sind, das Immunsystem unterdrücken und damit verhindern, dass sie abgestoßen werden. Auch Krebs hat mitunter diese Fähigkeit.

Hauptaufgabe der Leukozyten ist die Abwehr von Krankheitserregern. Die Bezeichnung »weiße Blutkörperchen« leitet sich von der Tatsache ab, dass bei einer Färbung des Blutausstrichs die Leukozyten die Farbe nicht annehmen und deshalb unter dem Mikroskop hell bis weiß erscheinen.

Und noch etwas: Ganz entscheidend für den Erfolg der Behandlung ist Ihre Einstellung zur Chemotherapie. Wenn Sie die Zytostatika als Verbündete im Kampf gegen den Krebs betrachten, werden Sie mit unerwünschten Nebenwirkungen wesentlich besser zurechtkommen. In einem zertifizierten Brustgesundheitszentrum steht Ihnen ein spezialisiertes Team von Psychoonkologen mit langjähriger Erfahrung professionell unterstützend zur Verfügung. Bestehen Sie also auf regelmäßige Termine bei diesen Fachleuten. Wichtig zu erwähnen ist, dass die Brustgesundheitszentren sogenannte *Tumorboards* eingerichtet haben, die aus verschiedensten Perspektiven die optimale Therapie für Sie zusammenstellen.

Ein Tumorboard, auch Tumorkonferenz genannt, so Privatdozent Dr. Michael Knauer, PhD, »dient der optimalen Versorgung von Patienten mit Tumorerkrankungen durch Experten aus allen wichtigen Fachdisziplinen. Bis vor wenigen Jahren wurden Patienten, bei denen ein Tumor festgestellt wurde, meistens von einem einzigen Arzt behandelt. Dieser Arzt war verantwortlich für die bestmögliche Koordination von Abklärung (Diagnostik) und Therapie eines Patienten. Durch die rasante Entwicklung der Krebsmedizin (Onkologie) ist es heutzutage für einen einzelnen Arzt nicht mehr möglich, alle wichtigen Schritte selbst durchzuführen.«

Um die Heilungschancen von Tumorpatienten zu verbessern, berichtet Knauer weiter, haben sich in den letzten Jahren zunehmend Ärzte zusammengeschlossen und sogenannte Tumorboards gegründet zur intensiveren Zusammenarbeit im Interesse der Patienten. Eine Kombination von verschiedenen Behandlungen wird *multimodale Therapie* genannt.

Die Planung dieser mulitmodalen und individuellen Therapie erfolgt im Tumorboard. Dort treffen sich meist einmal pro Woche zu einem fixen Zeitpunkt chirurgisch tätige Fachärzte (Chirurgen, Gynäkologen, plastische Chirurgen …), internistische

Onkologen, Strahlentherapeuten, Radiologen und Pathologen, um jeden Fall einzeln zu besprechen und die bestmögliche Diagnostik und Behandlung zu planen. Auf Anforderung können auch Ärzte anderer Fachrichtungen *konsiliarisch* hinzugerufen werden, wie zum Beispiel Nuklear- oder Palliativmediziner.

Das Tumorboard steht auch externen Ärzten als Beratungsgremium zur Verfügung. So kann zum Beispiel ein niedergelassener Arzt seinen Patienten in das Tumorboard eines Zentrums einbringen, um sich so beraten zu lassen. Die verschiedenen österreichischen Landesregierungen haben inzwischen festgelegt, dass jeder Patient mit einer neu aufgetretenen Tumorerkrankung in einem interdisziplinären Tumorboard diskutiert werden muss, um die Chancen auf Heilung möglichst zu verbessern.

Haare trotz Chemo

Haarverlust während einer Chemotherapie belastet Betroffene enorm. Seit ca. 20 Jahren laufen Versuche, wie die Haare erhalten bleiben können. Fest steht, dass mittels Kühlen der Kopfhaut verhindert wird, dass die Zytostatika bis zu den Haarwurzeln gelangen. Bisherige Versuche haben sich, trotz einiger Erfolge, bis jetzt nicht durchgesetzt, vor allem, weil die Kälte von 4 °C schlecht toleriert werden kann.
Eine britische Firma brachte nun eine neue Technologie zum Einsatz, die sich sehr schnell wegen guter Verträglichkeit und guter Erfolge flächendeckend durchgesetzt hat. Das Kopfhaut-Kühlsystem wird von einer Betreuerin eine halbe Stunde vor dem Start der Chemotherapie angelegt und bleibt noch ca. ein bis zwei Stunden nach deren Beendigung auf dem Kopf, je nach Art der Chemotherapie, die verordnet wurde. Während dieser Zeit wird die Kopfhaut auf +18°C gekühlt. Die erwünschte Wirkung stellt sich durch die anhaltende Kühlung ein. Diese bewirkt, dass sich die Kapillare der Blutgefäße der gekühlten Kopfhaut zusammenziehen und so verhindern, dass die Zytostatika zu den Haarwurzeln gelangen können, sodass die schädliche Wirkung darauf abgeschirmt wird.

Was kostet diese Behandlung?

Die Kühlung für sechs Zyklen Chemotherapie kostet etwa 180,00 Euro. Derzeit ist dieser Betrag noch von den Patienten zu bezahlen. Erwähnenswert ist, dass dieser Betrag geringer ist, als jener für eine Perücke. Es wird aber daran gearbeitet, dass die Krankenkassen diese Behandlung in Zukunft übernehmen werden.

Infos unter: nfrank.info

Wann ist eine Chemotherapie unnötig?

Die herkömmliche Prognoseabschätzung allein anhand der klinischen Parameter, wie Tumorgröße, Lymphknotenbefall, Alter und Hormonempfindlichkeit bzw. Hormonrezeptorstatus, kann gerade bei Frauen mit einem mittleren oder niedrigen Rückfallrisiko schnell zur Gabe einer nicht nötigen und belastenden Chemotherapie führen. Mit dem *Prosigna®-Test* wird sowohl das Rückfallrisiko der Betroffenen abgeschätzt als auch der Tumor einer bestimmten biologischen Untergruppe des Mammakarzinoms zugeordnet. Diese Informationen dienen der Entscheidung zur unterstützenden medikamentösen (adjuvanten) Therapie nach der Operation.

Der Prosigna®-Test ist ein sogenannter *Gensignaturtest,* der die Aktivität von 50 verschiedenen Krebsgenen im Tumor bestimmt. Der Test wurde in den Vereinigten Staaten entwickelt und ist dort von der *Food and Drug Administration (FDA)* für die klinische Routine zugelassen. Eine CE-Zertifizierung für die Europäische Union – und damit die Zulassung für die klinische Anwendung – besteht bereits.

Michael Gnant, Vorstand der Universitätsklinik für Chirurgie der Medizinischen Universität Wien und des AKH Wien, stellvertretender Leiter des CCC und Präsident der *Austrian Breast and Colorectal Cancer Study Group,* erläutert: »In Österreich, sowie in den angrenzenden osteuropäischen Ländern sind wir die erste Universitätsklinik, die den Prosigna®-Test in ihre klinische Arbeit für eine individualisierte Therapieempfehlung für die Patienten einbezieht.« Die Aufarbeitung des Tumors erfolgt am Institut für Klinische Pathologie der MedUni Wien aus Formalin-fixiertem Gewebe, das für die histopathologischen und molekularen Untersuchungen aufbewahrt wird.

Im Vergleich zu ähnlichen Gensignatur-Tests, die auf dem Markt angeboten werden, findet sowohl die Tumoraufarbeitung als auch die Messung und Auswertung der Tumoraktivität im Labor des Universitätsklinikums und nicht in zentralen Laboratorien der herstellenden Unternehmen im Ausland statt. »Damit sorgen wir für eine größtmögliche Datensicherheit«, sagt Christian Singer, stellvertretender Leiter des Brustgesundheitszentrums. Zudem liegt das Testergebnis auch und insbesondere bezüglich des späten Rückfallrisikos und der Einteilung in die biologische Subgruppe bereits wenige Tage nach der Operation vor und kann zeitnah bei der interdisziplinären Tumorkonferenz des Brustgesundheitszentrums zur Therapieempfehlung mit herangezogen werden.

Ein Gensignaturtest unterscheidet bei hormonsensiblem Brustkrebs dessen hohes oder niedriges Risiko. Niedriges Risiko bedeutet, dass die Wahrscheinlichkeit einer Metastasierung innerhalb von zehn Jahren unter zehn Prozent liegt.

Vom Prosigna®-Test wird erwartet, dass er unter den Betroffenen mit Hormonrezeptor-positiven Tumoren diejenigen identifizieren kann, die nur ein sehr geringes Rückfallrisiko haben (sogenannter *Luminal A-Typ*; unter zehn Prozent Rezidivrisiko in den nächsten zehn Jahren) und mit einer reinen antihormonellen Therapie ausreichend behandelt sind. Andere hormonrezeptorpositive Tumoren haben Eigenschaften, die ein hohes Rezidivrisiko annehmen lassen (sogenannter *Luminal B-Typ).* Patienten mit diesen Tumoren bedürfen im Allgemeinen einer adjuvanten (unterstützenden) Chemotherapie. Gnant: »Durch den Einsatz des Prosigna®-Tests erhofft man sich, etwa einem Drittel der Betroffenen eine Chemotherapie zu ersparen, da sie nur ein geringes Rückfallrisiko innerhalb der nächsten zehn Jahre haben.« Die Therapie wird damit noch besser auf die individuellen Tumoreigenschaften ausgerichtet: Sie werden effektiver eingesetzt und Übertherapien sowie damit verbundene Nebenwirkungen können vermieden werden.

Die Familienplanung nach der Chemotherapie

Eine Chemo- und/oder Strahlentherapie zur Behandlung onkologischer und autoimmunbedingter Erkrankungen schädigt die Eierstockfunktion meist nachhaltig. Die radikale Reduktion der Eizellreserve verursacht Fertilitätsstörungen bis hin zur Unfruchtbarkeit. Zusätzlich ist die hormonelle Situation unterschiedlich stark beeinträchtigt, was in Folge bis zu einer *prämaturen Menopause* mit allen bekannten Folgeerscheinungen führen kann. Als Gegenstrategie konnte die Reproduktionsmedizin bisher mit der Eizell- oder Embryokryokonservierung kaum Hilfe anbieten, da die Erfolgsrate pro Transfer und die Anzahl möglicher Transfers limitiert sind.

GnRH-Analoga sind Arzneistoffe, die eine ähnliche chemische (analoge) Struktur haben, wie das Gonadotropin-Releasing-Hormon (GnRH) und dadurch an GnRH-Rezeptoren der Hypophyse binden können und die gleiche Wirkung erzielen.

Schutz vor diesem schädlichen Einfluss (allerdings nicht vor der schädigenden Wirkung der Strahlentherapie) bietet zum einen die Ruhigstellung der Ovarien vor der Chemotherapie, z. B. durch die Applikation von *GnRH-Analoga.* Zum anderen kann durch Entnahme von Eierstockgewebe vor der Strahlen- und Chemotherapie intaktes Eierstockgewebe erhalten werden, um nach erfolgreichem Abschluss der Behandlung im remissionsfreien Beobachtungszeitraum die Eierstockfunktion durch Wiedereinpflanzung zu reaktivieren. Erste Ergebnisse zeigen, dass ovarielles Gewebe nach der Retransplantation tatsächlich seine Funktion wieder aufnehmen kann.

An der Abteilung für Gynäkologische Endokrinologie und Sterilitätsbehandlung im AKH wird ebenfalls seit längerer Zeit an einem Programm zur Kryokonservierung von ovariellem Gewebe bei Krebspatientinnen gearbeitet.

Kinderwunsch und Krebs

Interview mit Univ. Prof. Dr. ***Hans Christian Egarter,***
Leiter des Instituts für Gynäkologische Endokrinologie und Reproduktionsmedizin

Herr Professor Egarter, gibt es für Frauen, die vor ihrer Familienplanung an Brustkrebs erkranken, eine Möglichkeit, ihre Fruchtbarkeit zu erhalten?
Patientinnen, die ein hohes Risiko haben, ein vorzeitiges Versagen der ovariellen Aktivität zu erleiden, sollen alle Möglichkeiten des Erhaltes der Fertilität und der endokrinen Funktion angeboten werden. Neben wichtigen protektiven Maßnahmen, stellt die Ovargewebekryokonservierung (Ovarian Tissue Banking, OTB) einen weiteren bedeutenden Baustein in diesem Konzept dar.

Es handelt sich also um das Einfrieren von Eierstockgewebe vor Therapiebeginn. Was ist vorab für betroffene Patientinnen wichtig zu wissen?
Vier Faktoren sind für eine seriöse und erfolgreiche Beratung und Behandlung betroffener Patientinnen notwendig:

- Aufklärung und Beratung durch spezialisierte Reproduktionsmediziner in enger Kooperation mit Onkologen und Strahlentherapeuten
- Anbieten aller Möglichkeiten von Gonaden-schützenden Maßnahmen
- Hohe Expertise bei laparoskopischen Operationen
- Enge Kooperation mit einem hochspezialisierten Labor

Die Patientin wird bei entsprechender Indikation nach ausführlichster Aufklärung stationär aufgenommen, die laparoskopische Operation erfolgt am selben Vormittag. Am nächsten Tag kann die Patientin meist bereits wieder entlassen werden.

Werden die Kosten von den Sozialversicherungsträgern übernommen?
Erwähnt werden muss, dass OTB eine Leistung ist, die von den Sozialversicherungsträgern nicht übernommen wird. Die Kosten bewegen sich in der Höhe von In-vitro-Fertilisationen, also von künstlicher Befruchtung.

Was passiert nach erfolgreicher Therapie?
Nach erfolgreich absolvierter Therapie kommt es zu einer Rücktransplantation des entnommenen Eierstockgewebes zum Erhalt der Fertilität und der endokrinen Funktion.

Infos: AKH-Univ. Frauenklinik, Währinger Gürtel 18–20, 1090 Wien, Kinderwunsch-Endoskopie-Ambulanz (ESKA Ambulanz),:Terminvereinbarung Mo–Do 09:00–12:00 Uhr unter +43 1 40 400-2344

Hilfe gegen Schmerzen

In Verbindung mit einer Krebserkrankung stellen sich Betroffene häufig eine besonders bange Frage: Werde ich Schmerzen erleiden müssen? Vielleicht sogar unerträgliche Qualen? Krebs und Schmerzen – das gehört für viele Menschen eng zusammen, vor allem wenn die Krankheit weiter fortgeschritten ist und sich bereits Metastasen im Körper gebildet haben. Doch gleich, in welchem Stadium sich die Tumorkrankheit befindet und welches Ausmaß sie angenommen hat: Kein Krebspatient braucht sich heute den Schmerzen hilflos ausgesetzt zu fühlen. Es gibt kompetente Hilfe, denn im Rahmen eines modernen Schmerzmanagements arbeiten Ärzte, Therapeuten und Pflegepersonal zusammen, um den Erkrankten die Schmerzen zu nehmen und so Leid zu ersparen. Dazu steht ihnen ein breites Spektrum an Behandlungsmöglichkeiten zur Verfügung. Das sogenannte *multimodale Behandlungskonzept* vereint verschiedene Therapieformen miteinander, um den Patienten maximale Hilfe zuteilwerden zu lassen.

Vor allem im Bereich der medikamentösen Therapie haben Ärzte hoch wirksame Arzneisubstanzen zur Hand, die sie zur Behandlung von Schmerzen unterschiedlicher Ausprägung erfolgreich anwenden können. Diese reichen von leichten Substanzen wie *Paracetamol* oder *Ibuprofen* bis hin zu stark wirksamen Opiaten. Aber auch in der operativen Schmerztherapie wurden große Fortschritte gemacht, sodass Patienten mit chronischen Schmerzen wirksam geholfen werden kann, etwa durch den Einsatz von Schmerzmittelpumpen.

Als Analgetika bezeichnet man Medikamente, die eine schmerzstillende oder schmerzlindernde Wirkung besitzen.

Was ich aber besonders hervorkehren möchte: Eine Krebserkrankung geht keineswegs immer mit Schmerzen einher. Es gibt etliche Patienten, die kaum oder gar keine Beschwerden verspüren. Und nicht alle Schmerzprozesse sind direkte Folgen eines Tumorwachstums. Sie können auch auf andere Erkrankungen zurückzuführen sein oder als Nebenwirkung einer Therapie auftreten. Deshalb ist eine Schmerzdiagnostik von großer Bedeutung, um die Ursache zu finden und gezielt zu behandeln. Für beides stehen spezialisierte Schmerzzentren zur Verfügung, in denen auch Krebspatienten umfassend betreut werden. Häufig arbeiten Schmerzambulanzen und onkologische Zentren wie Brustgesundheitszentren zusammen, sodass eine interdisziplinäre Behandlung gewährleistet ist.

Mein Anliegen: Spielen Sie nicht den Helden! Vertrauen Sie sich Ihrem Ärzteteam an, wenn Sie schmerzen haben und leiden Sie nicht still vor sich hin. Nur Sie selbst können die Schmerzen spüren und dem Arzt wichtige Hinweise geben. Deshalb sagen Sie bitte, wenn etwas wehtut!

Die Brustrekonstruktion

Der Wiederaufbau der Brust nach einer Amputation hat für viele Frauen einen hohen psychologischen Wert, denn wenn wieder ein kompletter Busen da ist, hilft das, sich selbst wieder positiver annehmen und die Krankheit besser bewältigen zu können.

Es gibt verschiedene Methoden der Brustrekonstruktion. Man kann ein Implantat oder Eigengewebe von Rücken, Po, Oberschenkel oder Bauch einsetzen, wobei die zeitliche Planung unterschiedlich gehandhabt wird. Es kann sowohl eine gleichzeitige Rekonstruktion sofort nach der Brustentfernung stattfinden oder aber ein späterer Zeitpunkt sinnvoller sein. Denn es sollte sichergestellt sein, dass die Patientin keine Bestrahlung mehr benötigt. Es wäre nämlich wenig erstrebenswert, sich einer langwierigen Operation zu unterziehen, wenn danach ein Bestrahlungszyklus angekündigt wird, der das frisch aufgebaute Gewebe schädigt. Deshalb wird allgemein empfohlen, den Brustaufbau frühestens sechs Monate nach der Strahlentherapie durchführen zu lassen.

Wer bezahlt die Wiederherstellung meiner Brust?

Die Kosten für die Wiederherstellung der Brust werden normalerweise ohne zusätzliches Gutachten von den Sozialversicherungsträgern übernommen. Die Bewilligung der Kostenübernahme für die operative Therapie sollte vor dem Eingriff eingeholt werden. Eingebrachte Implantate müssen vom Krankenhausträger bezahlt werden.
Einzelne Privatspitäler übernehmen diese Kosten jedoch nicht. Es ist daher ratsam, diese Frage vor dem Eingriff mit Ihrem Arzt zu besprechen.
Die Österreichische Gesellschaft für Plastische, Ästhetische und Rekonstruktive Chirurgie (www.plastischechirurgie.org) und die Österreichische Krebshilfe (www.krebshilfe.net) geben Auskunft, wer Sie in Ihrer Nähe zu diesem Thema noch weiter beraten kann.

Implantate

Für den Wiederaufbau mit einem Implantat können Sie zwischen Silikon- oder Kochsalzimplantaten wählen. Erstere kamen immer wieder in die Schlagzeilen, als beispielsweise ein französischer Hersteller minderwertiges Ausgangsmaterial für seine Implantate verwendete, das zu schweren gesundheitlichen Schäden führen kann, wenn die Hülle platzen sollte. Qualitativ hochwertige Produkte gelten allerdings als sehr sicher. Mittlerweile wird ein sogenanntes kohäsives Silikongel verwendet, das nicht ausfließen kann und in einer doppelwandigen Kunststoffhülle aus Polyvynol sicher verpackt ist. Damit lässt sich sogar bei kleinen Brüsten eine sehr natürliche Formgebung nachbauen.

Auch die Brustkissen mit Kochsalzlösung sind ständig verbessert worden, sodass Gluckergeräusche mittlerweile ausgeschlossen werden können. Dennoch stehen sie – was Form und Haptik betrifft – dem Silikon nach. Sie haben allerdings den Vorteil, dass sie bei eventuellem Auslaufen keinerlei gesundheitliche Schäden erzeugen können.

Eigengewebe

Für die Brustrekonstruktion aus Eigengewebe benötigt der Operateur Haut und Unterhautgewebe. Eine Möglichkeit, zusätzlich Haut und Volumen zu gewinnen, ist die Vordehnung mithilfe eines Expanders. Nach ausreichender Aufdehnung kann der Expander gegen ein Implantat ausgetauscht werden, sobald die Fülle ausreichend vorhanden ist.

Die plastische Rekonstruktion ist nicht nur nach einer Brustamputation (Mastektomie) möglich. Sie kann auch nach einer brusterhaltenden Operation (BET) sinnvoll sein, zum Beispiel wenn die Brüste nach der Krebsoperation unterschiedlich groß sind.

Die zweite Möglichkeit besteht darin, Volumen und Haut durch Eigengewebe wiederherzustellen. Wie bereits erwähnt wird dabei ein Haut-Muskel-Lappen aus Unterbauch, Rücken, Oberschenkel oder Po entnommen. Vor dem Eingriff wird die Größe des auszufüllenden Areals angezeichnet und auf den Spenderbereich übertragen. Anschließend wird der Haut-Muskel-Lappen vorsichtig aus dem Spenderareal herausgeschält und an die Brustwand angepasst.

Im letzten Schritt erfolgt die Neubildung der Brustwarze durch einen kleinen Hautlappen oder eine Teilung der gesunden Brustwarze der anderen Seite. Der Warzenhof kann beispielsweise tätoviert oder durch Permanent-Make-up nachgezeichnet werden. Eine solche Operation kann bis zu acht Stunden dauern.

Was kommt für mich infrage?

Die Entscheidung, ob Sie sich besser für ein Implantat oder für einen Brustaufbau mit Eigengewebe entscheiden sollen, hängt nicht nur von Ihren Präferenzen, sondern auch von ihrer Konstitution ab. Lassen Sie sich über die Möglichkeiten, die genau für Sie passen würden, von Ihrem plastischen Chirurgen aufklären. Dann können Sie alles in Ruhe überdenken und die für Sie richtige Entscheidung treffen.

Plastische und rekonstruktive Chirurgie

Interview mit Univ. Ass. Prof. Dr. ***Klaus Schrögendorfer,*** *MD, MBA, Leiter der Ambulanz für Brustrekonstruktion und rekonstruktive Lymphödemchirurgie an der Medizinischen Universität Wien*

Herr Prof. Schrögendorfer, was versteht man unter plastischer und rekonstruktiver Chirurgie?
Bei der plastischen und rekonstruktiven Chirurgie handelt es sich nicht in erster Linie um Schönheitschirurgie – wie vielfach angenommen – sondern vor allem um Wiederherstellungschirurgie z. B. nach Brustoperationen, Unfällen oder Tumorerkrankungen. Zusätzlich bieten wir an unserer Abteilung im AKH im Rahmen meiner Ambulanz bzw. der Ambulanz für Brustrekonstruktion auch die chirurgische Behandlung von Lymphödemen an, was den wenigsten Menschen bekannt ist.

Was wird bei der Lymphödem-Chirurgie gemacht?
Mit der Lymphödem-Chirurgie kann man eingreifen, bevor es noch zu einem massiven Lymphstau gekommen ist. Es handelt sich dabei um eine supramikrochirurgische Technik, bei der es möglich ist, den Lymphabfluss zu verbessern bzw. wiederherzustellen.

Warum entscheiden sich relativ wenige Frauen für eine Rekonstruktion?
Erstens ist noch Informationsbedarf über die verschiedenen Möglichkeiten für Frauen notwendig, zweitens schreckt mitunter eine lange Operationszeit von sechs bis acht Stunden bei Eigengewebetransplantation viele ab. Man darf aber dabei nicht vergessen, dass es auch zusätzliche Vorteile gibt – wie z. B. ein gestraffter Bauch, gestraffter Oberschenkel, wenn von dort das Gewebe für die Rekonstruktion gewonnen wird.

Und wann lehnen Sie eine Operation ab?
Primär dann, wenn das Risiko, eine schwere Komplikation zu entwickeln, zu groß ist, wie z. B. bei starken Raucherinnen und/oder Frauen mit schweren internistischen Nebenerkrankungen. Hier muss im Vorfeld geklärt werden, ob eine Verbesserung der Ausgangslage möglich ist und so doch ein rekonstruktiver Eingriff infrage kommt.
Ich möchte betonen, dass es immer wichtig ist, im Vorfeld ausgiebig alle Vor- und Nachteile abzuwägen, und dann gemeinsam das Konzept auszuwählen, das für die Lebensqualität der Patientin am besten passt und aus medizinischer Sicht auch sinnvoll ist.

Christine F.

Als ich im Februar 2011 die Diagnose Brustkrebs erhalten habe, ist meine Welt zusammengebrochen. Das Gefühl der Hilflosigkeit machte sich breit, ein Schockzustand, den ich nie wieder erleben möchte.

Es folgten unzählige Spitalsaufenthalte, mehrere Operationen bis hin zur Brustamputation und Chemotherapie. Psychisch und körperlich war ich sehr angeschlagen und ich kämpfte mit und gegen die Nebenwirkungen der Chemotherapie. Ich vertraute der Schulmedizin voll und ganz, doch merkte ich sehr bald, dass es noch etwas geben musste, um das Ganze zu verstehen und um das Leid, das diese Krankheit hinterließ, zu lindern. Auf der Suche nach Antworten fiel mir ein Buch von Rita in die Hände. Ich konnte mit dem Buch am Anfang noch nicht viel anfangen, aber dennoch hatte ich das tiefe Gefühl, dass meine Suche erfolgreich war.

Ich schrieb der Autorin, Margarita Zinterhof von der Akademie der Intuitionswissenschaften, noch am selben Tag eine E-Mail. Sie rief mich zurück und vereinbarte mit mir einen Termin zur Einzelschulung. Durch die Arbeit mit Rita veränderte sich mein Leben deutlich. Ich lernte Wege kennen, um die Angst vor der Krankheit zu verlieren. Schritt für Schritt wandelte ich meine negativen Gedanken wieder in positive um. Ich wurde zuversichtlicher und ausgeglichener. Ich konnte erkennen, was der Krankheit zugrunde lag, und verstand immer mehr den Zusammenhang zwischen der Unstimmigkeit in meinem Leben und meiner vorübergehenden Störung. Ich hatte den Mut hinzuschauen und konnte meine Disharmonien durch die Übungen von Rita in meinem Leben auflösen – ich wurde dadurch immer freier und freier und ein tiefes Urvertrauen stellte sich ein.

Mein Gesundheitszustand wurde immer besser und ich erkannte, dass meine schwere Krankheit in Wirklichkeit auch eine große Chance für mich war. Trotz meiner vielen seelischen und körperlichen Narben bin ich heute ein zufriedenerer, glücklicher und dankbarer Mensch geworden. Ich habe meinen inneren Frieden gefunden.

Ich habe 2013 den Diplomlehrgang zur Mental-, Intuitions- und Bewusstseinstrainerin und anschließend die Fortbildungskurse absolviert und bin Rita aus tiefstem Herzen dankbar.

Evelin F.

Ich bekam mit 43 Jahren die Diagnose Brustkrebs. Meine große Leidenschaft galt dem Tanzen, im speziellen dem Flamencotanz. Es war ein überaus wichtiger Teil in meinem Leben, aus dem sich viele wundervolle Freundschaften und grandiose Momente entwickelt haben. In Kursen und Workshops habe ich oft zu hören bekommen: »Los! Weitermachen, nicht schlappmachen. Du kannst noch mehr geben. Tanze, als wäre es das letzte Mal!« Welch dröhnende Worte, wenn man sich bewusst wird, dass dieser Satz plötzlich zutreffen könnte.

Nun kam zum Tragen, was ich mir in all den Jahren im Studio angeeignet hatte: Weitermachen, aufstehen, konzentrieren, loslassen. Ganz im Jetzt sein. Schmerzen gehören dazu. Du kannst es. Denke nicht, tue es einfach. Nochmal, nochmal, nochmal. Vertraue deinem Körper. Kontrolliere deine Gedanken. Kontrolliere deine Gedanken nicht. Zeige dich. Immer wieder aufstehen. Immer wieder die Schuhe anziehen. Ich hatte Angst vor der Angst. Ich habe weitergemacht. Schritt für Schritt. Und es hat funktioniert. Olé! Der Flamenco hat mich in meinem Leben schon über viele Schwierigkeiten hinweg getragen oder auch einfach nur abgelenkt. Aber dieses Mal hat er mir viel Kraft, Lebensfreude und Vertrauen in meinen Körper zurückgegeben.

Zum Zeitpunkt der Aufführungen wusste ich noch nicht, welche Therapien mir bevorstehen werden, oder ob ich überleben werde. Das Einzige, was ich wusste, war, dass ich mehrere Tumore in der rechten Brust hatte. Es konnte nicht brusterhaltend operiert werden, sondern es musste eine Mastektomie gemacht werden. Ich entschied mich für den sofortigen Aufbau mit Silikon bzw. einem Expander. Zwölf Tage nach meiner OP kam der erlösende Befund, das meine Lymphknoten, bis auf eine Mikrozelle, sauber waren. Das hieß keine Chemo, keine Bestrahlung, nur Hormontherapie.

Ich war extrem erleichtert, denn sieben Jahre zuvor hatte meine Mutter Brustkrebs und sie musste die volle Prozedur mitmachen. Ein Alptraum. Nach fünf Monaten Krankenstand und drei Wochen Reha bin ich wieder in den normalen Alltag eingestiegen. Ich merkte allerdings sehr schnell, dass es so etwas wie den normalen Alltag nicht mehr wirklich gibt. Nicht die Dinge oder die Menschen haben sich geändert, sondern ich habe mich geändert. Ich habe das Bedürfnis, darüber zu reden und zu schreiben. Ich habe das Gefühl, dass Brustkrebs in der Gesellschaft immer noch ein angstbehaftetes und schambehaftetes Tabuthema ist. Ich habe einige Frauen kennengelernt, die keinesfalls möchten, dass irgendjemand von ihrer Erkrankung erfährt. Warum nur? Was ist da los in den Köpfen der Menschen? Welche Ängste sitzen da? Ich bin der Meinung, Schweigen schürt diese Ängste, darüber reden nimmt sie. Darin sehe ich meinen Weg.

Kapitel III

Was ich für mich tun kann

Was ich für mich tun kann

Die Nachsorge

Nun haben Sie den beschwerlichsten Teil Ihrer Therapie, der durchschnittlich sechs bis neun Montate dauert, hinter sich gebracht. Sollten Sie eine Anti-Hormontherapie bekommen, wird diese zur Sicherheit sieben bis zehn Jahre weitergegeben. Leider muss auch gesagt werden, dass so manche Krebserkrankung einen Patienten den Rest seines Lebens nicht mehr so richtig loslassen wird. Es wird heute als großer Fortschritt der Krebsbehandlung gesehen, dass unheilbare Krebsformen in chronische Erkrankungen umgewandelt werden können und so den Betroffenen zwar ein Leben mit Einschränkungen, aber doch eine lange Überlebenschance geboten werden kann.

Die Onkologie ist die Wissenschaft von der Entstehung, Entwicklung und Behandlung von Tumorerkrankungen. Sie beschäftigt sich als Teildisziplin der inneren Medizin mit deren Diagnose und Therapie, vor allem aber mit den malignen Krankheiten.

Nach Beendigung der Therapie hat jedoch die Nachsorge die höchste Priorität. Hier führt der Arzt nach Abschluss der intensiven Behandlung Untersuchungen und Kontrollen durch, vor allem aber sind umfassende Gespräche mit den Betroffenen wichtig, die das Vertrauen in den eigenen Körper wieder aufbauen.

Aufgaben der Tumornachsorge

- Rechtzeitig zu erkennen, wenn die Krankheit wieder auftritt *(Tumorrezidiv)*
- Begleit- oder Folgeerkrankungen festzustellen und zu behandeln sowie
- Ihnen bei Ihren körperlichen, seelischen und sozialen Problemen zu helfen. Dazu gehört auch, dass Schäden oder Behinderungen, die durch die Krankheit entstanden sind, soweit wie möglich behoben werden und Sie – wenn Sie es wünschen – wieder berufstätig sein können.

Suchen Sie sich für die Nachsorge einen Arzt, zu dem Sie Vertrauen haben. Ziehen Sie auf jeden Fall jene Ärzte vor, die auf die (Nach-)Behandlung und Betreuung von Krebskranken spezialisiert sind, am besten niedergelassene Onkologen, aber auch Fachärzte in einer onkologischen Schwerpunktpraxis oder aber ein Behandlungsteam in einem Brustgesundheitszentrum.

Onkologische Rehabilitation

*Interview mit Univ. Prof. Dr. **Richard Crevenna**, MBA, MSc, Interim. Leiter der Universitätsklinik für Physikalische Medizin und Rehabilitation an der Medizinischen Universität Wien*

Herr Prof. Crevenna, Sie sind der meistgenannte Experte zum Thema onkologische Rehabilitation. Was kann man sich darunter vorstellen?
Eine onkologische Erkrankung betrifft sämtliche Aspekte des Lebens. An Krebs erkrankte Patienten erleiden u. a. auch Funktionsstörungen und Defizite und werden durch Symptome beeinträchtigt, die nicht nur durch die Krebskrankheit selbst, sondern oftmals auch durch Begleit- und Folgeerkrankungen und vor allem durch die für das Überleben unbedingt notwendigen onkologischen Therapien wie Operation, Chemo- und/oder Strahlentherapie (mit)bedingt werden können.

Worauf basiert die onkologische Rehabilitation?
Die onkologische Rehabilitation basiert auf vier Säulen:

- Physikalische Medizin und Rehabilitation, hier v. a. die medizinische Trainingstherapie, Physiotherapie und Ergotherapie
- Diätologie und Ernährungstherapie
- Psychoonkologie
- Information mit Schulungen der Patientinnen und Patienten, die die langfristige Nachhaltigkeit der oben genannten Maßnahmen sichern soll.

In Österreich ist seit einigen Jahren das Angebot der stationären onkologischen Rehabilitation etabliert (siehe Seite 127).

Wie ist die Situation der onkologischen Rehabilitation in Österreich?
In Österreich leben bei 35.000 bis 40.000 Krebsneuerkrankungen pro Jahr rund 300.000 Patienten mit onkologischen Erkrankungen. Jene Patienten mit Rehabilitationsbedarf und gutem Rehabilitationspotenzial kommen für eine onkologische Rehabilitation infrage. An der Universitätsklinik für Physikalische Medizin und Rehabilitation der Medizinischen Universität Wien besteht seit gut 16 Jahren eine Spezialambulanz für onkologische Rehabilitation, und seit über fünf Jahren gibt es unter dem Schirm des Comprehensive Cancer Centers (CCC) das in dieser Art weltweit einzigartige Tumorboard für Onkologische Rehabilitation.

Da sich die Nachsorge über einen längeren Zeitraum erstrecken wird, sollten Sie daran denken, dass zu jedem Umzug auch die Suche nach einem neuen Nachsorgearzt gehört. Damit dieser die Nachsorge fachgerecht durchführen kann, muss er alle Einzelheiten der Primärbehandlung und der bereits erfolgten Nachsorgeuntersuchungen kennen. Aus diesen Gründen empfehle ich Ihnen, sich eine eigene Materialsammlung anzulegen. Diese Dokumente gehören als Fotokopie oder Scans dazu:

- Feingewebliche Befunde
- Laborbefunde
- Befunde bildgebender Verfahren
- Chemotherapieprotokolle
- Berichte der Bestrahlungsbehandlung
- Arztbriefe
- Nachsorgeberichte
- Liste der aktuelle Medikation

Aufnahmen von Röntgen- oder anderen bildgebenden Untersuchungen werden von modernen Kliniken nicht mehr auf Folie belichtet, sondern elektronisch gespeichert. Die gespeicherten Bilder können Sie sich auf eine CD brennen lassen. Grundsätzlich sind Kliniken und Ärzte verpflichtet, ihren Patienten diese Unterlagen zu geben. Sie dürfen sich die Kopien allerdings bezahlen lassen. Damit Ihre Behandlungsunterlagen vollständig sind, lohnt sich diese Ausgabe aber auf jeden Fall.

Nehmen Sie die Termine für die Nachsorgeuntersuchungen pünktlich wahr. Bei den Nachsorgeuntersuchungen geht es auch um Krebsfrüherkennung: Ein Rückfall kann entdeckt werden, noch bevor er irgendwelche Beschwerden macht, und kann so meistens rechtzeitig und erfolgreich behandelt werden.

Die Untersuchungen sollten in den ersten drei Jahren nach der Primärbehandlung vierteljährlich, im vierten und fünften Jahr halbjährlich, danach jährlich erfolgen. Diese Zeiträume sind Richtwerte, die für Sie erforderlichen Nachsorgetermine legt Ihr behandelnder Arzt aufgrund der jeweiligen letzten Befunde fest. Nicht zuletzt sind natürlich auch Ihre persönlichen Wünsche, Vorstellungen und Bedürfnisse in Bezug auf die Häufigkeit der Kontrollen wichtig. Im Mittelpunkt der einzelnen Nachsorgeuntersuchungen steht die Besprechung mit den Betroffenen: Fragen nach dem subjektiven Befinden, der Leistungsfähigkeit, nach dem Auftreten von Besonderheiten oder Beschwerden und nach körperlichen Veränderungen *(Anamneseerhebung)* sowie die eingehende körperliche Untersuchung, bei der insbesondere nach den Symptomen eines Tumorrezidivs gefahndet wird. All diese Aspekte lassen erkennen, dass eine Krebserkrankung nicht nur ein einziges Organ, sondern den ganzen Menschen (be-)trifft. Daher ist es sinnvoll, dass Patienten im Rahmen einer umfassenden Nachsorge auch die Gelegenheit erhalten, spezielle psychosoziale und psychoonkologische Beratung in Anspruch zu nehmen.

Als Rezidiv bezeichnet man das Wiederauftreten einer physischen oder psychischen Erkrankung nach ihrer zeitweiligen Abheilung. Das entsprechende Verb lautet rezidivieren.

Beratung über die verschiedenen Möglichkeiten der psychischen, sozialen, familiären, körperlichen und beruflichen Rehabilitation ist ebenso Bestandteil der Nachsorge. Bei der körperlichen Rehabilitation werden die Betroffenen über Möglichkeiten eines speziellen sportlichen Trainingsprogramms informiert und in Bezug auf ihre körperliche Belastbarkeit beraten. Sofern der Wiederaufbau der Brust noch nicht erfolgt oder abgeschlossen ist, geht die Nachsorge auch darauf ein. Die Berücksichtigung hormonaler Probleme gehört ebenfalls zu den unverzichtbaren ärztlichen Beratungsaufgaben – etwa bei Fragen zur Einnahme von Hormonpräparaten nach Eintritt der Wechseljahre oder zur Schwangerschaftsverhütung bei jüngeren Frauen.

Darüber hinaus sind mammografische Kontrolluntersuchungen notwendig; über die Abstände gibt die nachfolgende Tabelle Aufschluss.

Mammografiekontrollen in der Nachsorge

		1.–3. Jahr nach OP	ab 4. Jahr nach OP
Nach Brustentfernung	Kontrolle der anderen Brust	1 x jährlich	1 x jährlich
Nach brusterhaltender Operation	Kontrolle der befallenen Brust	1 x halbjährlich	1 x jährlich
	Kontrolle der anderen Brust	1 x jährlich	1 x jährlich

Andere bildgebende Untersuchungsverfahren wie etwa die *Kernspintomografie* oder die *Ultraschalluntersuchung* der Brust ebenso wie spezielle Laboruntersuchungen gehören nicht zum regelmäßigen Nachsorgeprogramm, sondern finden nur Anwendung, wenn bestimmte Areale durch Vernarbungen, Fettgewebsnekrosen oder verkapselte Hämatome nicht ausreichend analysiert werden können.

Die Behandlung einer Krebserkrankung verändert das Leben des Betroffenen und seiner Angehörigen. Danach wieder in den Alltag zurückzufinden, ist nicht immer leicht und oft eine große Herausforderung für den Krebskranken. Familie, Freunde, Kollegen, Ärzte und eventuell auch andere berufliche Helfer, zum Beispiel Sozialarbeiter, Mitarbeiter von kirchlichen Institutionen, Beratungsstellen sowie Psychologen können Sie dabei unterstützen.

Wenn Sie wieder berufstätig sein möchten, gibt es verschiedene Möglichkeiten, Ihnen den Einstieg zu erleichtern oder krankheitsbedingte Nachteile wenigstens teilweise auszugleichen. Wichtig ist, dass Sie die verschiedenen Möglichkeiten und Angebote kennen. Dann fällt es Ihnen leichter, Ihre Zukunft zu planen und zu gestalten. Ich kann Ihnen nur raten: Nehmen Sie die Hilfen, die Ihnen angeboten werden, in Anspruch!

Als Präsidentin von Europa Donna liegt mir besonders am Herzen, dass die Sorgen und Anliegen von uns Betroffenen in der Öffentlichkeit laut werden. Ich habe aus diesem Grund eine Botschaft an unsere Politiker und die Gesellschaft verfasst mit dem Titel: *Was wir uns als Patienten wünschen.* Darin bringe ich zum Ausdruck, dass vor allem das Tabuthema metastasierter Brustkrebs enttabuisiert wird. Wir wünschen uns Mitspracherecht, bestmögliche Therapie, Gespräche mit unserem Arzt, finanzielle Hilfe in Notsituationen und soziale Hilfe für Geschwächte.

Mit Europa Donna haben Sie eine Stimme, die in die Öffentlichkeit geht. Wir geben Ihnen praktische Unterstützung, regelmäßige Informationen und die Möglichkeit, als Mitglied aktiv mitzuwirken und Teil einer starken Gemeinschaft zu sein.

Ziele der Rehabilitation

Ziel der onkologischen Rehabilitation ist es, die Gesundheit, Aktivität und Leistungsfähigkeit des Patienten wiederherzustellen. Durch gezielte Therapie-Maßnahmen für Körper und Seele sowie im sozialen Bereich gelingt es, die Lebensqualität – insbesondere im psychosozialen Bereich – nachhaltig zu verbessern.
Im Idealfall sollte der Rehabilitationsaufenthalt nach erfolgter Therapie stattfinden. Ein Antrag dazu kann gleich im behandelnden Spital erstellt und dann bei der zuständigen Sozialversicherung eingereicht werden. Bei den meisten Zentren ist jedoch mit Wartezeiten zu rechnen, sodass die Rehabilitation nicht immer unmittelbar nach dem Spitalsaufenthalt begonnen werden kann.

Komplementärmedizin

Was Sie bisher erfahren haben, sind die *Hardfacts* der Schulmedizin, ohne die Sie das Mammakarzinom leider nicht in den Griff bekommen werden, denn bisher kann sich kein Krebspatient auf Spontanheilungen verlassen – dazu gibt es rein statistisch gesehen ein solches Phänomen viel zu selten. Manchmal wird mir aber auch die Frage gestellt, ob sich ein Tumor überhaupt von allein zurückbilden kann. Dazu gibt es auf der Website des deutschen Krebsinformationsdienstes eine detaillierte Antwort: »Was bei einem Schnupfen funktioniert – nämlich die Spontanheilung auch ohne Behandlung – geschieht bei Krebs kaum. Immer wieder gibt es in den Medien jedoch Berichte über Krebspatienten, die entgegen aller Erwartungen wieder gesund wurden. Bei genauerer Prüfung erweisen sich viele dieser Aussagen jedoch als falsch oder unvollständig. Doch manche Spontanheilungen sind medizinisch einwandfrei nachweisbar. Das Phänomen der unerwarteten Genesung ist deshalb ein wichtiges Thema der Krebsforschung. Heute weiß man: Bei einigen wenigen Krebsarten ist die Tumorrückbildung ohne Behandlung gar nicht so selten. Und man versteht die zugrundeliegenden Mechanismen immer besser: Offensichtlich schafft es das Immunsystem manchmal eben doch, Tumoren zu erkennen.«

Diese Aussage aber liefert mir das Stichwort: Achten Sie bei Ihrer Behandlung stets darauf, wie sich Ihr Immunsystem verhält. Tatsächlich gibt es nämlich unterstützend und ergänzend einige Möglichkeiten, die eigenen Abwehrkräfte zu stärken. Ganzheitliche Behandlungsformen sind mittlerweile sogar Bestandteil der Krebstherapie, die dazu dienen, nicht nur das Immunsystem zu stärken, sondern auch Beschwerden zu lindern und eine Verbesserung Ihres allgemeinen Befindens zu unterstützen.

Die Komplementärmedizin grenzt sich von der Alternativmedizin dadurch ab, dass sie nicht den Anspruch hat, schulmedizinische Verfahren zu ersetzen. Im Gegensatz zur Alternativmedizin sucht die Komplementärmedizin durch das gemeinsame Wirken mit der Schulmedizin Synergieeffekte zu erreichen.

Unter einer komplementären Krebstherapie versteht man jene begleitenden Maßnahmen, die ergänzend zu den onkologischen Standardtherapien durchgeführt werden. Damit sollen aber keinesfalls die Standardtherapien ersetzt werden. Vorweg sei hier die Misteltherapie angesprochen, die in den Brustgesundheitszentren einen zentralen Stellenwert einnimmt, da sie die am häufigsten angewandte komplementärmedizinische Maßnahme ist.

Schon seit dem Altertum kannte man die Mistel als Heilpflanze, die bei Milzerkrankungen, Wunden und Geschwüren zur äußerlichen Anwendung kam. Innerlich wurde sie bei Frauenleiden und Anfallsleiden *(Epilepsie)* eingenommen. Seit 1917 werden Mistelpräparate in Form von Spritzen eingesetzt, wobei die Wirksamkeit durch kontinuierliche Weiterentwicklung laufend verbessert werden konnte. Die Misteltherapie bewirkt eine Stärkung des Immunsystems und weist bei einigen Tumoren auch auf eine mögliche Verlängerung der Überlebenszeit hin. Sie kann aber auch in Tumorzellen die sogenannte *Apoptose* (Prozess des natürlichen Zelltodes) anregen, sodass eine Hemmung des Tumorwachstums eintritt. Eine Beeinträchtigung von gesundem Gewebe ist damit nicht verbunden, ganz im Gegenteil: Immunzellen und andere gesunde Zellen werden vor der weiteren Schädigung – z. B. durch Zytostatika *(Chemotherapeutika)* – geschützt.

Eine deutliche Steigerung der Lebensqualität zeigt sich in:

- Verbesserung des Allgemeinbefindens
- Verbesserung des Müdigkeitssyndroms (Fatigue) – besonders während der Chemotherapie
- Linderung von Nebenwirkungen
- Verminderung der Übelkeit
- Verbesserung des Appetits
- Verringerung des Schmerzempfindens und somit weniger Einsatz von Schmerz- und Beruhigungsmitteln
- Verminderung des Auftretens von depressiven Verstimmungen

Die häufigsten Verfahren, die in der Komplementärmedizin zum Einsatz kommen, sind die Pflanzenheilkunde (Phytotherapie), die gesunde Ernährung mit frischem Obst und Gemüse, Bewegungstherapien, Kneipp'sche Anwendungen, Massagen und die sogenannten Mind-Body-Therapien, die das seelische Gleichgewicht der Erkrankten wiederherstellen. Aber auch TCM (Traditionelle Chinesische Medizin), Ayurveda oder Aromatherapie kommen hier infrage. Wichtig bei der Wahl der komplementären Maßnahmen ist, dass Sie sich vertrauensvoll an Ihr Behandlungsteam wenden und genau besprechen, welche Möglichkeiten für Sie bestehen, um Ihre Therapie möglichst nebenwirkungsarm zu gestalten. Denn auch wenn die Therapien der Komplementärmedizin wenige Nebenwirkungen zeigen, können bestimmte Therapeutika eine starke Wirkung entfalten und die schulmedizinische Behandlung beeinflussen.

An dieser Stelle ist nicht genug Platz für all die Möglichkeiten, die sich in der Komplementärmedizin auftun, doch ein kurzer Überblick soll Sie darüber informieren, was sich zur Verbesserung Ihrer Befindlichkeit tun lässt.

Phytotherapie

Die Phytotherapie ist wahrscheinlich die älteste Behandlungsmethode der Menschheit. Doch auch heute wenden drei Viertel der Weltbevölkerung Heilpflanzen als begleitende oder alleinige Maßnahmen zur Behandlung von Beschwerden an. In unserer westlichen Naturheilkunde werden allerdings von den ungefähr 3000 bekannten Heilpflanzen nur geschätzte 500 zu therapeutischen Zwecken verwendet.

Ich möchte hier nur auf einige wenige Heilpflanzen hinweisen, damit Sie konkrete Anhaltspunkte haben, um sich mit Ihrem Arzt zum Thema Phytotherapie zu besprechen. Seien Sie aber vorsichtig: Bei manchen Menschen können Heilpflanzen Allergien auslösen. Wenn Sie allergische Reaktionen wie Hautausschlag, Hautjucken, Niesen, Atemnot oder Verdauungsprobleme feststellen, sollten Sie die entsprechende Heilpflanze meiden und bereits im Vorfeld Ihren Arzt darauf hinweisen.

Unter einer Allergie (Überempfindlichkeit) versteht man eine überschießende Reaktion des Immunsystems nach wiederholtem Kontakt mit Stoffen, sogenannten Allergenen, die von ihm als fremd erkannt werden.

Bei Übelkeit und Brechreiz

- **Kamille** *(Matricaria chamomilla)* und **Fenchel** *(Foeniculum vulgare):* Beide Heilkräuter beruhigen die gereizten Schleimhäute des Verdauungstraktes. Dazu morgens vor dem Aufstehen 2 Tassen warmen, ungesüßten Kamillen- oder Fencheltee (3 TL pro 500 ml Wasser, Ziehzeit: 10 Minuten) kurz im Mund verweilen lassen und in kleinen Schlucken trinken.
- **Spargelpulver** *(Asparagus):* Spargel dient der natürlichen Entschlackung und Entwässerung. Spargelpulver ist in der Apotheke erhältlich und ist reich an den Vitaminen B1, B2, C und E und enthält die Mineralstoffe Kalium, Phosphor, Magnesium und Eisen, daneben Gerbstoffe, Rutin, Saponine und reichlich Asparaginsäure. Das

Komplementäre Therapien

Interview mit Univ. Ass. Prof. Dr. ***Leo Auerbach,*** *Leiter der Brustambulanz der Universitätsfrauenheilkunde, des Brustgesundheitszentrums im AKH Wien, Stationsführender Oberarzt der Universitätsfrauenklinik, Medizinische Universität Wien, AKH Wien, gerichtlich beeideter und zertifizierter Sachverständiger*

Herr Prof. Auerbach, Sie haben sich auf komplementäre Therapien bei Krebserkrankungen spezialisiert. Was ist für Sie besonders wichtig bei der Betreuung von Brustkrebspatienten?
Besonders wichtig ist für mich das persönliche Gespräch und die sichere und effektive Kombination zwischen komplementärer Therapie und der Krebsbehandlung im Spital. Ich nehme mir für jeden Patienten Zeit. Es ist wichtig zu wissen, wie es den Betroffenen geht, was sie bewegt und was ihnen zusätzlich zur schulmedizinischen Therapie helfen kann.

Wie sieht ein solches Arztgespräch aus?
Alle Patienten sollten über ihre Therapien Bescheid wissen, warum und wie sie wirken, wann sie sinnvoll verabreicht werden können, eventuelle Nebenwirkungen und natürlich wann sie nicht eingesetzt werden dürfen. Ziel ist es, aus der Vielzahl der vorhandenen Möglichkeiten (ca. 4000), das Beste für jeden Einzelnen herauszufinden und ihn so zu selbst(mit)entscheidenden Partnern zu machen.

Was dürfen die Betroffenen erwarten?
Die beste Therapie für Krebspatienten besteht heute nicht mehr aus nur den klinischen Behandlungsmethoden wie Operation, Chemo- oder/und Strahlentherapie, sondern aus einer maßgeschneiderten für jeden einzelnen Krebskranken individuellen komplementär-begleitenden Behandlung.

Wie werden schulmedizinische Verfahren mit komplementären Therapien kombiniert?
Für einen optimalen Therapieerfolg werden die neuesten Erkenntnisse der Wissenschaft mit den langjährigen Erfahrungen der Komplementärmediziner mit bewährten Natur- und Hausmitteln zum Vorteil der Krebspatienten eingesetzt. Die Kombination der besten Methoden und die Konzentration auf eine optimale Lebensqualität der Patienten sind der Schlüssel zum Erfolg.

Pulver dämpft vor allem die Magenübersäuerung. Ein Gramm des Pulvers aus der Apotheke in einer Tasse lauwarmes Wasser auflösen und schluckweise trinken.
- **Ingwer** *(Zingiber officinale):* Auch Ingwertee oder eine kleine Scheibe Ingwerwurzel roh genossen hilft gegen Übelkeit und Brechreiz.

Bei Mundschleimhautentzündung

- **Salbei** *(Salvia officinalis):* Die ätherischen Öle der Pflanze (Thujon, Salviol, Kampfer, Cineol) wirken pilzhemmend und antibakteriell, ihre Bitterstoffe verdauungsfördernd, ihre Gerbstoffe entzündungshemmend und ihre Flavonoide krampflösend und galletreibend. Salbei enthält auch reichlich Mineralstoffe wie Eisen und Magnesium. Pro Tasse 2 TL Salbei 3 Minuten ziehen lassen. Entweder Sie spülen den Mund mit diesem Tee oder Sie trinken ihn, dann aber in langsamen Schlucken, damit die Schleimhäute möglichst lange Kontakt mit der Flüssigkeit haben.
- **Myrrhe:** Bei Myrrhe handelt es sich um das Gummiharz von Pflanzen, genauer der Commiphoren-Bäume oder -Sträucher. Sie gehören botanisch zur Familie der Balsamgewächse (Burseraceae) und kommen in den Trockengebieten des tropischen und subtropischen Afrikas und Arabiens vor. Im Harz von Commiphoren-Bäumen sind ätherisches Öl (reich an Sesquiterpenen), Triterpene und Triterpensäuren, Proteine und Kohlenhydrate enthalten. Auch wenn die exakten Wirkmechanismen noch nicht endgültig geklärt sind, so wirken sie in der Summe desinfizierend und adstringierend, also zusammenziehend auf die Schleimhäute. Arzneilich anerkannt ist Myrrhe in der Behandlung von leichten Entzündungen der Mund- und Rachenschleimhaut. Myrrhetinktur erhalten Sie in der Apotheke. Verdünnen Sie die Tinktur mit Wasser und betupfen Sie die betroffenen Stellen mithilfe eines Wattestäbchens.

Bei Kopfschmerzen

- **Weidenrinden** *(Salix alba):* Die getrocknete Rinde der Silberweide enthält eine Vorstufe der Acetylsalicylsäure, die Sie in der Apotheke bekommen. Weidenrinde ist nicht so sehr als Akuttherapie gegen heftige Schmerzen geeignet, sondern zeigt bei innerer Anwendung ihre Vorzüge bei länger andauernden bzw. chronischen Erkrankungen. Bis zum Wirkeintritt der Weidenrinde können zwei Stunden vergehen, die Wirkung hält dafür bis zu zehn Stunden an. Trinken Sie pro Tag zwei Tassen Tee aus einem Teelöffel Rinde, die sie in 250 ml Wasser langsam zum Kochen bringen, fünf Minuten ziehen lassen und abseihen.
- **Melisse** *(Melissa officinalis):* Die Pflanze enthält ätherische Öle, Mineralsalze, Flavonoide, Vitamin C (Frischpflanze), Gerb- und Bitterstoffe. Melissentee wirkt vor allem dann gegen Kopfschmerzen, wenn diese vor allem auf nervöse Anspannung zurückzuführen sind. Trinken Sie ihn am besten abends vor dem Schlafengehen.
- **Pfefferminze** *(Menta peperita):* Die Pflanze enthält ätherische Öle, Rosmarinsäure, Flavonoide, Bitterstoffe, Gerbstoffe. Minztee bekämpft Übelkeit, Kopfschmerzen und Kreislaufstörungen. Er wirkt anregend auf Galle und Leber, ist

keimhemmend, krampflösend, kühlend und bei Brechdurchfall leicht betäubend. Auch bei verdorbenem Magen, Schwangerschafts- oder Reiseübelkeit kann er lindern (1 TL/250 ml Wasser, Ziehzeit: 5–7 Minuten). Damit sich der Aufguss nicht verfärbt, nur in kleinen Mengen zubereiten. Das ätherische Öl zur Behandlung von rheumatischen (akuten) oder neuralgischen Schmerzen wird mit einem Trägeröl vermischt und als Einreibung verwendet. Bei Kopfschmerzen sollte es punktuell auf Schläfe, Nacken oder Stirn aufgetragen werden. Vorsicht: Augenreizung!

Bei Hautproblemen (auch nach der Bestrahlung)

- **Ringelblume** *(Calendula officinalis):* Diese vielfach einsetzbare Heilpflanze wirkt als Salbe wundheilend. Rund 70 verschiedene Wirkstoffe sind in der Ringelblume enthalten darunter ätherische Öle, Carotinoide, Bitterstoffe, Flavonoide oder auch wasserlösliche Zuckerstoffe und Harze. Achten Sie aber bitte darauf, nur hochwertige Produkte zu kaufen, denn obwohl Probleme äußerst selten sind, können Produkte, in denen auch der Blütenkelch verarbeitet wird, zu allergischen Reaktionen führen.
- **Ehrenpreis** *(Veronica)* lindert juckende Hautprobleme und regt den Stoffwechsel an. Vor allem dem Wald-Ehrenpreis werden – im Mittelalter »Allerweltsheil« genannt, umfassende Heilkräfte zugeordnet. Das Kraut enthält Bitterstoffe, Gerbstoff und Saponine. Fragen Sie in der Apotheke nach einer Ehrenpreis-Urea-Salbe, denn der Harnstoff *(Urea)* verstärkt die heilende Wirkung von Ehrenpreis.

Bei Hitzewallungen

- **Traubensilberkerze** *(Cimicifuga racemosa):* In der Apotheke gibt es zahlreiche Präparate, die Auszüge aus dem Wurzelstock der Heilpflanze enthalten. Dabei wird kontrovers diskutiert, ob die enthaltenen *Isoflavone* und *Triterpene* östrogenähnliche Wirkung und modulierenden Einfluss auf Östrogenrezeptoren haben, ohne dabei jedoch chemisch die Struktur von Östrogenen zu besitzen. Die empfohlene Tagesdosis richtet sich nach den Angaben der jeweiligen Hersteller. Allerdings ist ein deutlich spürbarer Effekt erst nach mindestens zweiwöchiger Einnahme zu erwarten. Achtung: Nicht bei antihormoneller Therapie einnehmen!
- **Rotklee** *(Trifolium pratense, Fabaceae):* Die intensiv leuchtende Heilpflanze, deren nervenberuhigende, ausgleichende, aufhellende und allgemein stärkende Wirkung die Volksmedizin schon vor Hunderten von Jahren rühmte, hat sich als hilfreich bei der Vorbeugung von Gefäßerkrankungen erwiesen, zudem hilft sie zur Linderung allgemeiner Alterserscheinungen und bei der Bekämpfung von Wechselbeschwerden wie Hitzewallungen, schwindende Knochenstabilität, Unlust und Reizbarkeit. Rotklee ist unter anderem in Form von Kapseln, Tabletten, als Tee und Teedroge erhältlich.

Bei Schlafstörungen

- **Melisse** *(Melissa):* Diese Heilpflanze duftet und schmeckt stark nach Zitrone, deshalb wird sie auch oft Zitronenmelisse genannt. Ihre Inhaltsstoffe (ätherische Öle, Bitterstoffe, Flavonoide, Glykosid, Harz, Hydroxyzimtsäure-Derivate, Mineralsalze, Schleimstoffe) haben eine stark beruhigende Wirkung. Trinken Sie über den Tag verteilt mehrere Tassen Melissentee: 3 TL Blätter mit 250 ml heißem Wasser übergießen, 10 Minuten ziehen lassen und abseihen.
- **Lavendel** *(Lavandula angustifolia):* Mit ihrem herbsüßen Duft verwöhnt die Pflanze nicht nur die Nase, sie beruhigt auch gestresste Nerven, lindert Kopfweh, lockert verspannte Muskeln hilft bei Magen-/Darmproblemen und schenkt tiefen, erholsamen Schlaf. Versuchen Sie es einmal mit einem Lavenblütenbad: Für ein Vollbad braucht man 250 g der Blüten, übergießt sie mit fünf Liter kochendem Wasser, lässt das Ganze eine Viertelstunde ziehen, seiht dann ab und gibt die gewonnene Flüssigkeit ins Badewasser. Noch einfacher geht es, wenn Sie ein Badesäckchen benutzen, das heißt, wenn Sie ein Leinensäckchen mit den Blüten füllen, ins Badewasser hängen und dann immer wieder ausdrücken.

Aromatherapie

Es gibt viele Wege, mit unterstützenden Heilmethoden den langen Weg zur Genesung zu verbessern. Einer davon könnte beispielsweise die Anwendung ätherischer Öle sein. Vor allem zum Abbau von Stress und zur emotionalen Unterstützung können die Duftstoffe verschiedener Heilpflanzen nützlich sein. Die Komplementärmedizin prüft gerade, wie sich spezielle ätherische Öle auf das Wachstum von Krebszellen auswirken. So zeigen wissenschaftliche Studien, dass Thymian, Rosmarin, Oregano, Kamille und Weihrauch in der Lage sind, Krebszellen selektiv zu schädigen oder zu deaktivieren, während die gesunden Zellen intakt bleiben. Doch diese Erkenntnisse sind so neu, dass wir noch eine Weile auf ihre Verifizierung werden warten müssen.

Ätherische Öle enthalten die Lebenskraft der Pflanzen in konzentrierter Form.

Aber wenn auch bisher die gut duftenden Öle eher in Wellnessoasen zu riechen waren, so ist inzwischen das Interesse von Forschern am Potenzial der pflanzlichen Inhaltsstoffe und deren möglicherweise heilende Wirkung gestiegen. So schreibt »Spiegel online«, dass ein Team um Hanns Hatt, Professor für Zellphysiologie an der Bochumer Ruhr-Universität, herausfand, dass der nach Jasmin riechende Duftstoff *Gardenia Acetal* auf Zellebene im Gehirn schlaffördernd wirkt, »und zwar nach den gleichen molekularen Mechanismen wie Beruhigungsmittel aus der Gruppe der Benzodiazepine.« Zwar würden sich die Hinweise mehren, so der »Spiegel«, dass ätherische Öle tatsächlich helfen könnten, Krankheiten zumindest teilweise zu lindern. Doch noch sei Zurückhaltung geboten: Es gebe insgesamt noch zu wenige wissenschaftliche Studien, die eine ursächliche Wirkung bei bestimmten Krankheiten belegten.

Ayurveda

Eine andere komplementäre Form der Therapie könnte für die einen oder anderen Betroffenen auch Ayurveda sein. Wörtlich übersetzt bedeutet Ayurveda »Lebensweisheit« oder »Lebenswissenschaft«. Der Begriff stammt aus dem indischen Sanskrit und setzt sich aus den Wörtern *Ayus* (Leben) und *Veda* (Wissen) zusammen. Die Heilverfahren sind bereits in den vedischen Schriften erwähnt, in denen das Jahrtausende alte Wissen der alten indischen Hochkultur überliefert wurde, wo sie seit etwa 2500 vor unserer Zeitrechnung angewandt werden. Dieses Diagnose- und Behandlungssystem, das der altindischen Weltanschauung entstammt und u. a. Behandlungsmethoden wie Diäten, ausleitende Verfahren oder Meditation umfasst, konzentriert sich auf die wichtigen physischen, mentalen, emotionalen und spirituellen Aspekte. Dadurch hat Ayurveda einen ganzheitlichen Anspruch und schließt Massage, Ernährungslehre, Yoga und Pflanzenheilkunde ein.

Ayurveda ist ein Diagnose- und Behandlungssystem, das der altindischen Weltanschauung entstammt.

In Europa hatte Ayurveda in der Zeit von Hippokrates von Kos (460–377 v. Chr.), dem berühmtesten Arzt des Altertums und Begründer der Medizin als Wissenschaft, eine nicht unwesentliche Bedeutung. Eine Überlieferung sagt, dass er hauptsächlich mit den Mitteln der ayurvedischen Medizin arbeitete. Während die komplexe Lehre nicht nur in Indien und angrenzenden Ländern tief verwurzelt ist, hat sich mittlerweile diese ganzheitliche Form der Medizin auch in den Industriestaaten etabliert. Heute wird sie als komplementäre Methode von einer Reihe von Medizinern gefördert.

Grundlage dieser Lehre ist eine Typologie, die von drei unterschiedlichen Lebensenergien, den sogenannten *Doshas,* ausgeht:

- Pitta (Feuer und Wasser), das Feuer- bzw. Stoffwechselprinzip
- Vata (Wind, Luft und Äther), das Bewegungsprinzip
- Kapha (Erde und Wasser), das Strukturprinzip

Die drei Doshas stehen für die Grundeigenschaften und die Konstitution des einzelnen Menschen. Ihr Zusammenspiel bestimmt über seine Stärken und Schwächen, seine Krankheitsanfälligkeit, die Wechselwirkung zwischen Organismus und Psyche sowie seine Reaktionen auf Ernährung, Arzneien, klimatische Einflüsse oder Sinneseindrücke. Die Doshas sind wechselseitig voneinander abhängig und müssen, um Erkrankungen zu verhindern, miteinander so weit wie möglich in Einklang gebracht werden.

Nach solch traditioneller Vorstellung zeichnet es einen gesunden Menschen aus, sein Lebenskonzept und die Beziehung zu seiner Umwelt in einer stabilen Balance zu halten. Ist dieses Gleichgewicht gestört, sendet der Körper Signale aus. Werden diese ignoriert, entwickeln sich Krankheitssymptome. Dominiert ein Dosha die anderen oder ist es krankhaft geschwächt, so kommt es vor allem zu schädlichen Ablagerungen von Giftstoffen und Schlacken, sogenannte Ama. Die daraus resultierenden Beschwerden sollen durch entsprechende Gegenmaßnahmen ausgeglichen werden. Zu Behandlungsbeginn wollen Ayurveda-Ärzte mittels Riechen, Sehen, Hören, Fragen und Tasten sowohl das Wesen der Erkrankung als auch die Natur des Patienten diagnostizieren.

Um die Doshas wieder zu harmonisieren, werden unter anderem Fastenkuren, Ölmassagen, Bäder, ausleitende Verfahren wie Erbrechen, Einläufe oder Aderlass, verschiedene Meditationsformen wie Yoga oder transzendentale Meditation sowie Farb-, Musik- und Aromatherapie angewandt. Außerdem werden rund 5000 Pflanzen in unterschiedlichen Zubereitungsformen eingesetzt – häufig kombiniert mit Mineralien und Metallen. Mehrere tausend Substanzen in Obst, Gemüse, Kartoffeln und Vollkornprodukten, meist der Gruppe der sogenannten sekundären Pflanzenstoffe zuzurechnen, sollen dabei u. a. krebs- und entzündungshemmend, verdauungsfördernd, blutdrucksenkend und antioxidativ wirken.

Inzwischen versuchen Pharmakonzerne, mit großem Aufwand indische Heilpflanzen pharmakologisch zu untersuchen, um einzelne Wirkstoffe oder Wirkstoffkomplexe zu isolieren und zu vermarkten. Von solchen Versuchen der wirtschaftlichen Nutzbarmachung abgesehen, sind jedoch kaum Berührungspunkte zwischen ayurvedischen Gesundheits- und Krankheitskonzepten und den Vorstellungen der Schulmedizin vorhanden.

Physikalische Anwendungen

Viele Betroffene berichten, dass ihr Leben durch die Krankheit intensiver wurde. Die Behandlung Ihrer Brustkrebserkrankung ist vermutlich sehr anstrengend und kostet Sie viel Kraft. Deshalb ist es wichtig, dass Sie auftanken und Ihrem Körper Gutes tun. Eine gesunde Lebensweise hilft Ihnen dabei: zum Beispiel durch gesunde Ernährung, ausreichend Bewegung und frische Luft. Kein Nikotin, wenig Alkohol und wenig Sonne tragen außerdem dazu bei, dass Sie mit den Auswirkungen Ihrer Behandlung besser zurechtkommen. Es ist wissenschaftlich erwiesen, dass Sport den Krankheitsverlauf positiv beeinflusst.

Klinische Studien haben bewiesen, dass körperliche Aktivität messbar die Nebenwirkungen einer Chemo- oder antihormonellen Therapie reduzieren kann.

Gymnastik

Nach einer Brustoperation können Sie mehr oder weniger stark körperlich beeinträchtigt sein. So kann Ihr Kreislaufsystem oder auch Ihre Bewegungsfähigkeit eingeschränkt sein. Gymnastikübungen helfen Ihnen dabei, wieder fit zu werden. Auswirkungen hat die Operation insbesondere dann, wenn Ihnen ein Teil der Brustmuskulatur mit entfernt werden musste oder wenn der Narbenbereich schmerzhaft spannt oder verhärtet ist. Dann kann Ihre Bewegungsfähigkeit eingeschränkt sein. Vermutlich werden Sie

Pamila K.

Ich bin gebürtige Inderin und eine sportliche, durchtrainierte Frau. Muskelkater sind bei mir keine Seltenheit. Doch der Muskelkater und das Ziehen in der Brust machten mich an einem Tag im Jahre 1998 doch ein wenig unsicher. Ich tastete meine Brust genau ab und meinte, eine Verhärtung zu spüren. Ein Besuch bei meiner Frauenärztin bestätigte meine Befürchtung. Ich wurde zur Mammografie und danach ins AKH zu einer Biopsie geschickt, wo ich schließlich mit der Diagnose Brustkrebs konfrontiert wurde.

❁

Bis auf eine Penicillin-Allergie, die mir Pusteln und Schmerzen einbrachte, ging es mir gut. Ich begann auch gleich wieder im eigenen Geschäft, einer Boutique für große Größen, zu arbeiten. Nach fünf Jahren Nolvadex, die ich gut vertrug, wurde ich in eine Studie aufgenommen, die eine anschließende Gabe vom Aromatasehemmer Arimidex vorschrieb. Leider tat mir dieses Medikament gar nicht gut. Ich hatte Schmerzen, steife Gelenke und keine Kraft, um meinen täglichen Aufgaben gerecht zu werden. Ich brach diese Therapie nach einem Jahr und zehn Monaten in Absprache mit den Ärzten ab.

❁

Seit dem Beginn meiner Erkrankung sind nun beinahe 20 Jahre vergangen, und ich bin davon überzeugt, dass meine intensive Mitarbeit sehr viel zum guten Verlauf und zur Unterstützung des Heilungsprozesses beigetragen hat.

❁

Ich flog währen der ersten fünf Therapiejahre regelmäßig nach Indien, gönnte mir dort eine dreiwöchige Ayurveda-Kur und habe mich mit Yoga, TCM (traditioneller chinesischer Medizin), Sport und der Anwendung ätherischer Öle mit therapeutischer Wirkung gestärkt. Der Familienzusammenhalt hat mir in all den Jahren sehr geholfen. Mein Mann hat sich seit meiner Erkrankung liebevoll verändert und unterstützt mich, wo immer er kann.

❁

Ich bin überzeugt, dass Selbstbewusstsein und Selbstsicherheit enorm wichtig sind. Jede Frau hat eine innere Stärke, wenn sie bewusst mit dieser Stärke arbeitet, wird sie im Leben alles schaffen und kann sich das Leben auch noch verschönern und versüßen. Mit meiner eigenen Boutique möchte ich Frauen ein rundum Wohlfühl-Gefühl vermitteln. Ich nenne meine Mode »Modekunst zum Anziehen und zum Wohlfühlen«. Zusätzlich biete ich meinen Kundinnen hochwertige ätherische Öle mit therapeutischer Wirkung an.

ganz automatisch eine Schonhaltung einnehmen, indem Sie die Schulter der operierten Seite hochziehen. Dies wiederum führt zu Verkrampfungen und Verspannungen der Muskulatur, zu Schulter-, Nacken- und Kopfschmerzen; langfristig resultieren daraus Wirbelsäulenfehlstellungen und damit einhergehende Rückenschmerzen. Um dem entgegenzuwirken, empfehlen Mediziner regelmäßige Gymnastik. Sprechen Sie darüber mit Ihrem Arzt. Denn es ist sinnvoll, dass Sie möglichst frühzeitig, also bereits in der Klinik, mit ersten krankengymnastischen Übungen beginnen, damit Sie das Schultergelenk mobilisieren, Schonhaltungen und asymmetrische Bewegungsabläufe vermeiden und eventuelle Bewegungseinschränkungen verbessern beziehungsweise überwinden.

Hand-Fuss-Syndrom

Beim Hand-Fuß-Syndrom (HFS) handelt es sich um eine häufige Nebenwirkung von Chemotherapeutika, auch jener, die bei Brustkrebs eingesetzt werden. Es beginnt mit gering ausgeprägtem Taubheitsgefühl, Kribbeln, Empfindungsstörungen, Ameisenlaufen, Prickeln, Jucken, Kälte- oder Wärmeempfindung. Unbehandelt kann es sich bis hin zu Geschwüren, Blasenbildung, Hautablösungen und damit verbundenen starken Schmerzen weiterentwickeln. Diese geröteten Hautläsionen lokalisieren sich vor allem im Bereich der Handinnenflächen und Fußsohlen. In seltenen Fällen können sie aber auch andere Körperregionen betreffen, wie zum Beispiel die Achselhöhlen, die Leistengegend, Rumpf, Hals, Thorax, Kopfhaut und Unterarme. Grundsätzlich sind die Hände öfter befallen als die Fußsohlen und können bei manchen Patienten die einzige befallene Stelle sein.

Welche Möglichkeiten gibt es, um die Symptome lindern ?

- Eine Dosisreduzierung oder ein zeitweiliges Absetzen der Chemotherapie kann zu einem raschen Abklingen der Symptome führen.
- Komplementäre Maßnahmen unterstützen die Patienten während ihrer Krebstherapie. Kontrollierte Studien zu Unbedenklichkeit und Wirksamkeit fehlen jedoch für die meisten komplementären Verfahren.

Beispiele für komplementäre Therapieansätze beim Hand-Fuß-Syndrom:

- Hand- oder Fußbad mit Leinöl
- Hanföl
- Phytotherapie

Wichtig ist es, immer den behandelnden Arzt zu informieren, zu welchen zusätzlichen unterstützenden Maßnahmen gegriffen wird, um einer eventuellen Beeinträchtigung der Standardtherapie (z. B. Chemotherapie) durch komplementärmedizinische Verfahren vorzubeugen.

Und noch etwas: Wenn Sie merken, dass Sie Bewegungen wieder ausführen können, die Sie bislang nach der Operation nicht mehr schaffen konnten, wird Ihnen das seelischen Auftrieb geben. Nach der Entlassung aus dem Krankenhaus können diese Übungen zum Beispiel in der *Nachsorgeklinik* konsequent fortgesetzt werden. In dieser Phase verfolgen die gymnastischen Übungen nicht nur das Ziel einer intensiven Bewegung für den Schulter-Arm-Bereich. Im Hinblick auf die Rückkehr in Ihr alltägliches Leben dienen sie vielmehr auch dazu, Ihre allgemeine körperliche Fitness zu verbessern, Sie zum selbstständigen Üben anzuleiten und Sie zu motivieren, dass Sie sich zu Hause auch weiterhin sportlich betätigen.

Hydrotherapie

Wasser wirkt durch seine thermischen, chemischen und mechanischen Reize auf die Haut ein. Millionen verschiedener Sensoren senden Signale an das Gehirn. Damit regulieren sie die Grundfunktionen des Körpers und stimulieren die verschiedenen Organe.

Als Hydrotherapie wird der Gebrauch von Wasser zur Linderung und Heilung von akuten und chronischen Krankheiten bezeichnet. Sie wird durch Ärzte, Heilpraktiker und Hydrotherapeuten angewendet.

Sebastian Kneipp gilt zu Recht als der Begründer der modernen Hydrotherapie. Die Funktion des Wassers auf den menschlichen Körper vergleicht er mit dem Bleichen der Leinentücher, die durch wiederholtes Eintauchen in kaltes Wasser und Aufhängen in frischer Luft und durch gute Sonneneinstrahlung langsam weiß werden. So könne man sich auch die Ausleitung von Schadstoffen aus dem Körper und die anschließende Kräftigung vorstellen, meint Kneipp.

Tatsächlich registriert die Haut über Temperaturfühler den Temperaturreiz an den Nerven, die diese Information ans Rückenmark weitergeben, von dem aus sie zum Gehirn gelangen. Diese Reize lösen dort bestimmte Effekte aus wie beispielsweise eine Änderung des Herzschlags, des Blutdrucks und des Wachheitsgrades. Zusätzlich bewirken sie, dass der Muskeltonus herabgesetzt wird. In der Kneipp'schen Lehre gibt es über 100 verschiedene Wasseranwendungen. Eine Untersuchung ergab, dass sich viele Krebspatienten nach einer Kneipp'schen Anwendung aktiver fühlten. Ich möchte hier nur einige wenige anführen, die sich für Brustkrebsbetroffene besonders eignen.

Zur Immunstärkung

- **Wechselduschen** stimulieren die Körperabwehr, erfrischen und regen den Kreislauf an. Beginnen Sie mit warmem Wasser für etwa zwei Minuten, stellen Sie dann die Temperatur für zehn bis 15 Sekunden auf kalt. Die Prozedur ein bis zwei Mal wiederholen und mit kalt beenden.
- **Wechselfußbad:** Eine sinnvolle Vorbeugung gegen Schnupfen und Erkältungen: Füllen Sie eine Fußwanne mit kaltem und eine zweite mit warmem Wasser. Stellen Sie zuerst die Füße für vier bis fünf Minuten in die warme Wanne, dann kurz in die kalte, und wiederholen Sie die Anwendung mehrmals.

Bei Hautproblemen (auch nach der Bestrahlung)

- **Quarkwickel:** Streichen Sie mit Buttermilch vermischten, gekühlten Quark (Topfen) auf ein Leinentuch. Legen Sie den Wickel auf die gereizten Hautareale und wiederholen Sie die Anwendung zwei Mal täglich für jeweils 15 bis 20 Minuten.
- **Kalte Umschläge:** Kühlen Sie die geröteten Stellen mit Leinentüchern, die in kaltem Wasser getränkt wurden.

Massagen

Über den griechischen Arzt Hippokrates (ca. 460–370 v. Chr.) gelangte die Massage, die ihren Ursprung sehr wahrscheinlich im Osten Afrikas und in Asien hat, nach Europa. Hippokrates erkundete und vertiefte die Geheimnisse der Massage und schrieb seine Erkenntnisse und Empfehlungen zur Anwendung nieder. Auch der zweite bedeutende Arzt der Antike, der Grieche Galenos (129–199) schrieb unzählige Abhandlungen über die von ihm entworfenen Formen und bei welchen Erkrankungen diese anzuwenden seien. Trotz seines Einflusses, der bis weit in das Mittelalter reicht, verlor die Gesellschaft Europas in späteren Zeiten das Interesse an Massagen und anderen Präventions- und Therapiemaßnahmen. Heute jedoch gibt es eine Unzahl an Massagetechniken, die rund um den Erdball zur Anwendung kommen. Von der Schulmedizin anerkannt ist die sogenannte klassische Massage, die von der Behandlung der Haut und der Muskulatur ausgeht, andere Massageformen basieren auf der durch die evidenzbasierte Medizin widerlegten Annahme, dass über Reflexbögen auch Leiden der Organe behandelt werden könnten. Dementsprechend werden nur wenige dieser Massagen von den Krankenkassen aus Kulanz übernommen. Die Idee ist, nicht die kranke Stelle zu behandeln, sondern ein entsprechendes Areal, welches das kranke Organ repräsentieren soll, und als reflektorische Massage bezeichnet wird.

> Professionelle Massagen führen zu weniger Schmerzen, einem Rückgang depressiver Verstimmungen oder Ängste, besserem Schlaf und einem stärkeren Immunsystem.

Da sich die theoretischen Grundlagen der einzelnen Massagearten sehr stark unterscheiden und diese auf völlig unterschiedlichen Behandlungstheorien basieren, ist die Anzahl der teils nachgewiesenen Wirkungsweisen auf den Körper groß. Hier seien einige der wichtigsten aufgezählt:

- Lokale Steigerung der Durchblutung
- Senkung von Blutdruck und Pulsfrequenz
- Entspannung der Muskulatur
- Verbesserte Wundheilung
- Schmerzlinderung
- Psychische Entspannung, Reduktion von Stress
- Verbesserung des Zellstoffwechsels im Gewebe

Die wenigsten Massageformen eignen sich zur Selbsttherapie und gehören daher in die Hand eines Spezialisten, z. B. eines Physiotherapeuten.

Heidi P.

Ich bin 1974 geboren und wuchs in Velden am Wörthersee auf, später studierte ich Internationale Wirtschaftswissenschaften und Jus in Innsbruck, Kapstadt, Madrid und Taipeh. Ich absolvierte eine Coachingausbildung und arbeitete gemeinsam mit zwei Ministern im Kabinett. Danach folgten über fünf Jahre Abteilungsleitung in der Privatwirtschaft. Es war eine gute Zeit mit guten Herausforderungen.

2011 jedoch schlossen meine Eltern für immer ihre Augen, und im Jänner 2013 traf mich die Diagnose Brustkrebs: Ich mag Herausforderungen– doch das war mehr! Ein Freund fragte mich einige Jahre zuvor: »Was bleibt, wenn nichts mehr bleibt?« Damals wusste ich keine Antwort. Nun fand ich mich in dieser Situation wieder – eine echte Herausforderung.

Ich beschloss, die Krankheit Krebs als mein neues Projekt zu betrachten. Mir war wichtig, so viel wie möglich selbst aktiv zu entscheiden, da ich mich sehr verantwortlich fühlte für das, was kommen sollte, und damit Vertrauen gewann. Die Diagnose und die Zeit danach hat für mich viel verändert. Ich weiß nun, was ich will und was ich nicht will, lebe voll im Jetzt und habe großes Vertrauen ins Leben. Dennoch habe ich mich viel mit dem Tod auseinandergesetzt, weiß, wo ich einmal ruhen möchte, und habe einen viel klareren und direkteren Zugang zum Leben. Nach dem Motto: »Was kann noch viel passieren?« sehe ich die Dinge inzwischen viel entspannter.

Es gibt so vieles, das ich genießen kann, die Wolken und das Moos sind meine Kraftquellen, aber da sind so viele wunderschöne Kleinigkeiten, die ich jetzt jeden Tag bewusst erlebe. Ich liebe es, im Frühling zu sehen, wie aus starken Ästen zarte Blätter sprießen – ist es nicht unglaublich, dass das möglich ist? Ja, und ich genieße den Gedanken, mich wieder einmal zu verlieben und freue mich wirklich darauf. Ich finde den Gedanken so magisch, dass der Mensch, der einmal an meiner Seite sein wird, schon irgendwo da draußen existiert. Allein die Beschäftigung mit diesem Gedanken macht mich glücklich!

All die Dinge, die passiert sind, haben mich – und das ist sehr positiv – so richtig frei gemacht, frei von Dingen, an die ich mich geklammert habe, von Denkmustern, Erwartungen – den eigenen und jenen der anderen. Das Leben ist schön!

Lymphdrainagen

Diese Therapie ist häufig bei Brustkrebspatienten angezeigt, die sich einer ausgedehnten Lymphknotenentfernung in der Achselhöhle unterziehen mussten. Dabei kann es zur Zerstörung von Lymphgefäßen kommen und somit zu einem Lymphstau, einem Lymphödem.

Die Lymphdrainage regt den Transport der Lymphe in den Lymphgefäßen an und fördert die Ausscheidung von Stoffwechselprodukten.

Das Lymphsystem hat die Aufgabe, bei Entzündungen, die in den meisten Fällen zu einer lokalen Schwellung durch Flüssigkeitsablagerung führen, den Abtransport dieser Ansammlung zu gewährleisten. Vor allem bei chronischen Entzündungen funktioniert dieser Abtransport nicht in ausreichendem Maß. Die Lymphdrainage unterstützt diesen Prozess und kann somit zu einer Verminderung des Entzündungsgeschehens und infolge zu einer Schmerzreduktion führen.

Physiotherapeuten und Masseure, die über eine spezielle Weiterbildung verfügen, dürfen Lymphdrainagen vornehmen. In Österreich ist seit April 2003 die Lymphdrainage ein fixer Bestandteil in der Ausbildung zum *medizinischen Masseur.* Besprechen Sie also mit Ihrem Nachsorgearzt, ob und wenn ja wen er für eine Lymphdrainage empfehlen kann.

Entspannungsübungen

In allen großen Gesundheitslehren hatten und haben Entspannungstechniken zur Harmonisierung von körperlichen und seelischen Befindlichkeiten einen hohen Stellenwert. Vor allem in den östlichen Kulturen sind Übungen wie Meditation oder Yoga fester Bestandteil eines ganzheitlich ausgerichteten Gesundheitsprogramms und werden von vielen Millionen Menschen dort täglich praktiziert. Die Techniken haben zum Ziel, körperliche und seelische Anspannung, die durch Stress, Ärger, Angst, Sorgen, Überlastung und andere Faktoren ausgelöst werden, zu reduzieren und innere Ausgeglichenheit und Wohlbefinden wiederherzustellen.

Neben westlichen Übungen wie dem *Autogenen Training* oder der *Progressiven Muskelentspannung* erfreuen sich asiatische Techniken wie *Qigong* oder *Tai Chi* auch bei uns zunehmender Beliebtheit. Bei diesen Übungen handelt es sich um eine Kombination von Meditation, Atemtechnik und Gymnastik, die nach einem ganzheitlichen Prinzip wirken und Körper, Geist und Seele gleichermaßen mit positiver Energie versorgen sollen. Ich habe einige wenige dieser Übungen herausgesucht, um Ihnen einen Anreiz dafür zu geben, solche Übungen als festes Ritual in Ihren Alltag integrieren zu können oder aber bei Bedarf anzuwenden.

Autogenes Training

Am besten erlernen Sie diese Entspannungsmethode unter geschulter Anleitung. Psychotherapeuten, Gesundheitszentren und Volkshochschulen bieten dazu Kurse an. Anfangs liegen Sie dabei entspannt auf dem Rücken, die Arme und Beine leicht gespreizt, die Augen sind geschlossen. Nun spricht der Kursleiter die ersten Entspannungssätze, die jeder Kursteilnehmer mit der Zeit verinnerlicht, beispielsweise: »Meine rechte Hand wird warm und schwer, ich spüre, wie sie auf dem Boden aufliegt« oder »Mein Herz schlägt sicher und langsam, es arbeitet verlässlich und ruhig.«

Für jeden Körperteil und jedes Organ gibt es spezielle Satzformeln. Anfangs benötigt man oft eine Stunde dazu, den Körper richtig zu entspannen, sobald das Autogene Training in Fleisch und Blut übergegangen ist, kann man in Minutenschnelle entspannen.

Atemübungen

Unsere Atmung verläuft größtenteils unbewusst, flaches Atmen gehört zum Alltag. Häufig atmen wir erst bei großen Anstrengungen oder bei Atemnot ganz bewusst und tief in den Bauch. Dabei ist das Einatmen ein aktiver Vorgang, bei dem das Zusammenspiel vieler Muskeln notwendig ist. Eine gute Atemtechnik ist für Ihre Gesundheit und Ihr Wohlbefinden von großer Bedeutung. Sie verhilft zu innerer Ruhe und Ausgeglichenheit, kann Ängste und Anspannungen lösen. Außerdem regt sie die Durchblutung der Organe an, aktiviert den Stoffwechsel sowie das Immunsystem und versorgt den Körper mit lebenswichtigem Sauerstoff. Bevor Sie beginnen:

- Nehmen Sie sich Zeit.
- Üben Sie nicht mit vollem Magen.
- Achten Sie auf eine ruhige Umgebung.
- Tragen Sie bequeme Kleidung.
- Entspannen Sie sich.

1. Grundposition

Sie stehen gerade mit schulterbreit gegrätschten Beinen. Die Arme hängen seitlich am Körper. Stehen Sie ganz entspannt, Ihr gesamtes Gewicht ruht auf den Beinen und Füßen. Atmen Sie ruhig und gleichmäßig durch die Nase ein und aus. Beginnen Sie dann die einzelnen Übungen mit einer tiefen Vollatmung: Atmen Sie zunächst in den Bauch, dann in die Brust und die seitlichen Rippenbögen. Die Lungen müssen sich zuerst von unten füllen, wobei sich der Bauch vorwölbt. Gleichzeitig weitet sich der untere Teil des Brustkorbs. Erst danach füllen sich die oberen Lungenabschnitte. Am Ende der tiefen Einatmung hebt sich der obere Teil des Brustbeins.

2. Übung zur Brustkorbdehnung

Lassen Sie die Arme locker gestreckt neben dem Körper hängen. Atmen Sie nun langsam tief ein, führen Sie dabei die Arme seitlich nach oben, bis sie die Form eines Ypsilons erreicht haben. Atmen Sie nun ganz langsam aus und lassen Sie die Arme wieder in die ursprüngliche Position sinken.

3. Übung zur tiefen Brustatmung

Verschränken Sie die Hände in Nabelhöhe, die Handflächen zeigen nach oben. Während des Einatmens heben Sie nun die Hände bis auf Brusthöhe. Jetzt drehen Sie die Handflächen nach unten und atmen dabei langsam aus. Die Hände wandern wieder in die Ausgangsposition zurück.

Wenn die Seele weint

»Sie haben Brustkrebs.« Diese Mitteilung verändert schlagartig das Leben der Betroffenen, löst Unsicherheit und Ängste aus: Angst vor der Behandlung und ihren Nebenwirkungen, vor Schmerzen, vor dem Tod, Angst um die Familie. Irgendwie werden Sie lernen, mit der neuen Situation fertig zu werden. Immer wieder werden Sie sich aber wohl die Frage stellen: »Warum ich?« Vielleicht denken Sie dann an ein zurückliegendes Ereignis, das Sie sehr belastet hat. Vielleicht suchen Sie die Ursache in Ihrer Lebensweise. So verständlich diese Suche ist, Sie werden keine Antwort darauf finden, warum ausgerechnet Sie krank geworden sind. Doch niemand ist schuld an Ihrer Krankheit. Am wenigsten Sie selbst. Akzeptieren Sie Ihre Erkrankung als Schicksalsschlag und schauen Sie nach vorn.

Gesprächsfähigkeit ist eine zentrale Qualität der Kommunikation. In schwierigen Lebenssituationen ist ein offenes Gespräch nicht nur hilfreich, sondern oft auch ein Beitrag zum Gesundwerden.

Viele Betroffene verheimlichen, dass sie überhaupt krank sind, oder verschweigen zumindest, was sie haben – aus Scham, aus Angst vor der Reaktion der anderen, vielleicht aus Angst vor beruflichen Folgen. Es ist aber wichtig, dass Sie über Ihre Erkrankung sprechen. Ihre Angehörigen und Freunde werden zunächst vor den gleichen Schwierigkeiten stehen wie Sie: Soll ich sie/ihn auf die Krankheit ansprechen? Soll ich so tun, als wüsste ich nichts? Verletze ich sie/ihn, wenn ich frage? Am Anfang wird es – so die Erfahrung vieler Betroffener – nicht leicht sein, ein offenes Gespräch miteinander zu führen.

Das Tal der Tränen

Es gibt Situationen im Leben, die uns in eine tiefe Krise stürzen können. Durch die Diagnose einer schweren Erkrankung kann unsere Welt im Augenblick zusammenbrechen. Doch welcher Arzt möchte schon gern solche erschütternden Nachrichten überbringen oder gar noch Folgegespräche führen? Eigentlich keiner, und so kommt es oft vor, dass diese Gespräche gnadenlos und nebenbei geführt werden. Man fühlt sich so richtig allein gelassen. Passives Verhalten, gestörtes Vertrauen in den Arzt, geschwächte Gesundheit durch Stress und Ängste sind die Folge.

Gut gemeintes Zureden reicht hier nicht. Flüchtet sich der Arzt auch noch in Floskeln wie »Kopf hoch! Das wird schon wieder«, dann sind Betroffene oftmals mutloser als zuvor, denn sie spüren die Hilflosigkeit ihres Arztes.

Jeder Mensch, der eine derart schwerwiegende negative Veränderung seines Lebens bewältigen muss, geht durch eine Vielzahl an Gefühlen, bis er am Ende die neue Situation annehmen und sich auf sie einstellen kann. Dieser Weg durch das *Tal der Tränen* läuft in bestimmten Phasen ab:

- Verleugnung: Man will nicht wahrhaben, was da auf einen zukommt. Gedanken wie: »Das wird schon nicht so schlimm sein« oder »da warte ich erst einmal ab« tauchen auf. Eventuell versucht man, sich auch zu beruhigen und das Bedrohliche zu verleugnen: »Bestimmt hat sich der Arzt geirrt« oder »Meine Befunde sind wahrscheinlich vertauscht worden.«

- Unrealistische Hoffnungen, dass man doch irgendwie verschont würde, halten uns über Wasser. Es erfolgt eine Orientierung in die Vergangenheit, und so geht wertvolle Zeit verloren, sich auf die harten Veränderungen der Zukunft einzustellen und neue Perspektiven zu suchen. Angehörige oder Freunde können jetzt am besten helfen, indem sie die Betroffenen aufrütteln und sie dazu drängen, den unangenehmen Tatsachen ins Auge zu sehen.

Akzeptanz ist das Schlüsselwort für die Bewältigung der seelischen wie auch der körperlichen Probleme, die eine Brustkrebstherapie mit sich bringt.

- Wut und Aggression: Wenn wir erkennen, dass diese Veränderungen unausweichlich sind, überkommt uns eine Welle von Wut: »Warum gerade ich« oder »Was habe ich verbrochen« und ähnliche Gedanken kreisen in unseren Köpfen. Man befindet sich in der Krise, die eine gravierende Veränderung mit sich bringt.
- Depression: Nachdem man erkannt hat, dass man wirklich in dieser unabänderlichen Situation steckt, folgt oft eine depressive Phase. Verzweiflung, Aussichtslosigkeit, Fragen, die niemand beantworten kann, lassen uns in ein tiefes Loch fallen. Doch sobald wir die neue Situation akzeptieren können, erste Ideen und Pläne haben, wie wir durch die Krankheit durchgehen werden, kommen wir in die Phase der
- Akzeptanz: Wir wissen jetzt, es folgen Operation, eventuell einige Zyklen Chemotherapie, bei denen uns Übelkeit, Haarausfall und andere Nebenwirkungen, Bestrahlungen und vieles mehr erwarten. Wir haben schon eine gute Vorstellung, wie wir mit dieser Situation umgehen werden. Wir haben Pläne wer, was, wann übernehmen wird und so weiter. Wir sind vom Opfer zum Manager geworden!

Über das Tal der Tränen führt keine Brücke. Die inneren Veränderungen in der Krise sind nötig, um sich wieder für Neues öffnen zu können und den Blick auf eine lebenswerte und schöne Zukunft zu richten.

Krankheit – ein Ausdruck des Lebens

Interview mit Univ. Prof. Dr. ***Raimund Jakesz,***
Leiter der Klinischen Abteilung für Allgemeinchirurgie,
Chirurgische Universitätsklinik Wien

Herr Prof. Jakesz, Sie sind Ganzheitsmediziner, wo sehen Sie den Ursprung einer Krankheit?
Krankheit hat ihren Ursprung im geistigen Bereich. Sie hat also eine energetische Ursache, die sich im Körper manifestiert. Veränderungen passieren niemals ausschließlich auf körperlicher Ebene.

Warum beschäftigt sich die Schulmedizin ausschließlich mit der Behandlung des Körpers?
Natur- und Geisteswissenschaften gehören zusammen – ohne einander ist jedes nur halb. Die willkürliche Trennung des Organismus in eine körperliche und eine geistige Ebene und die Fokussierung der Schulmedizin auf die körperliche Ebene, wie sie von René Descartes im 17. Jahrhundert proklamiert wurde, hat die ganzheitliche Sicht auf den Menschen in Bezug auf Gesundheit und Krankheit verschwinden lassen. Die Medizin wurde zur Naturwissenschaft und hat ihre Kompetenz als Geisteswissenschaft größtenteils abgegeben.

Wie sehen Sie Ihren persönlichen Zugang zu Ihren Patienten?
Ich persönlich fühle mich dadurch, dass ich im Heilberuf tätig sein kann, sehr privilegiert und versuche, meinen Fokus über den rein körperlichen Bereich hinausgehen zu lassen. Eine intensive Kommunikation mit meinen Patienten stellt eine beglückende und auch herausfordernde Aufgabe dar, denn Menschen in Ausnahmesituationen benötigen dringend Mediatoren, die sie bei ihrer Krankheitsbewältigung begleiten und sie zum ehestmöglichen Zeitpunkt in die Eigenverantwortung entlassen. Das Arzt-Patienten-Verhältnis sollte ein partnerschaftliches sein, die Beteiligung der Betroffenen am Gesundwerdungsprozess sollte keinesfalls unterschätzt werden.

Wie sieht das in der Praxis aus?
Die zentrale Rolle spielen die Betroffenen selbst. Wir als begleitende Ärzte sind aufgerufen, uns mit allen uns zur Verfügung stehenden Mitteln an der Heilung zu beteiligen. Meines Erachtens spielt Spiritualität – also die Frage nach dem Sinn aller Belange unseres Lebens – bei diesem Prozess eine bedeutende Rolle. In einem großen Ausmaß wird dies von den Betroffenen, zumindest meiner Erfahrung nach, verstanden und auch gelebt.

Viele Krebspatienten haben das Gefühl, Schuld in sich zu tragen, wie sehen Sie das?
Ein wesentlicher Grundsatz, der meinen Patienten bereits im ersten Gespräch mitgeteilt wird, ist, dass Krankheit keinesfalls mit Schuld oder Strafe zu tun hat. Die Zeit nach einer Krebserkrankung stellt für Betroffene oft einen neuen Lebensabschnitt dar, in dem manches, was zu bestimmten Denkprozessen oder emotionalen Mustern Anlass gab, betrachtet, erfasst, geändert und geheilt werden kann.

Kann Krankheit Ihrer Ansicht nach als Prinzip von Ursache und Wirkung gesehen werden?
Krankheit ist Ausdruck des Lebens und der Spiritualität. Eine Krankheit ist mehr als nur eine Botschaft des Körpers. Daher spielen in der Heilung Gefühle, Geist und Seele mit. Traumata lösen in uns oftmals physische Krankheiten aus. Erlebnisse sind für uns schmerzhaft. Schmerz wandelt sich um in physische Erkrankung.

Darf ich Sie bitten, das näher für uns zu präzisieren?
Unsere innere Stimme stellt uns vor Ausbruch einer Krankheit viele Fragen. Willst du das überhaupt? Schauen wir einmal unsere Sinnesorgane an:

- Mit unseren Ohren können wir hören, doch leider ignorieren oder verdrängen wir sehr oft unsere innere Stimme. Wir hören ihr nicht zu. Außen und innen müssen aber in Harmonie sein.
- Mit unseren Augen können wir sehen. Sie kennen bestimmt den Ausspruch: »Augen sind ein Fenster zur Seele.« Oder: »Wenn ich dir in die Augen schaue, sehe ich bis in deine Seele.« Augen sind nicht nur zum Sehen da, Augen sind auch eines der wichtigsten Kommunikationsorgane.

Wie helfen Sie Ihren Patienten?
Ich bringe meine Patienten in Eigenverantwortung. Krankheit ist Herausforderung. Sie ist ein starker Antrieb, sich selbst kennenzulernen, die innere Schönheit, sich selbst keine Grenzen mehr zu setzen oder von anderen setzen zu lassen, die Unendlichkeit zu finden. Krankheit ist Gnade. Änderungen in unserem Leben vorzunehmen, ist ganz entscheidend. Ich stehe meinen Patienten bei und wir machen gemeinsam aus der Krankheit etwas Wunderbares.

Sexualität und Brustkrebs

Sobald Ihre Behandlung zunächst einmal beendet ist, werden Sie sich zunehmend mit den Folgen Ihrer Erkrankung und vielleicht auch mit den späten Auswirkungen der Behandlung beschäftigen. Nach belastenden medikamentösen Behandlungen haben Sie wahrscheinlich vor allem einen Wunsch: Sie möchten sich zurückziehen, Ihre Ruhe haben und sich von den Strapazen erholen. Manche Kranke sind auch ängstlich oder niedergeschlagen. Wenn solche Gemütslagen Ihren Alltag allerdings zu lange bestimmen, wird der Weg zu einem normalen Leben immer schwerer. Deshalb empfehle ich Ihnen, möglichst frühzeitig wieder am öffentlichen Leben, an Familienaktivitäten teilzunehmen. Vielleicht interessieren Sie sich auch für die Mitarbeit in einer privaten, kirchlichen oder politischen Organisation oder in einem Verein? Haben Sie schon einmal darüber nachgedacht, in eine Krebsselbsthilfegruppe zu gehen?

Es kann sein, dass eine quälende Müdigkeit Ihren Tagesablauf belastet – eine Folge der Chemotherapie. Diese dauerhafte Erschöpfung wird auch als *Fatigue* bezeichnet, ein französisches Wort, das Ermüdung oder Mattigkeit bedeutet. Die normale Müdigkeit, die man abends, nach Gartenarbeit, Sport oder anderen körperlichen Anstrengungen spürt, ist am nächsten Morgen nach einer Nacht mit ausreichend Schlaf vorbei. Anders bei Fatigue: Schlaf hilft dabei nicht. Das Fatigue-Syndrom kann oft Wochen bis Monate dauern, lange über den Behandlungszeitraum hinaus, und beeinträchtigt die Lebensqualität der Betroffenen meist erheblich.

Psychoonkologie bzw. psychosoziale Onkologie ist eine interdisziplinäre Fachrichtung, die darauf z abzielt, die Betroffenen und ihre Angehörigen beim Umgang mit der Krebserkrankung bestmöglich zu unterstützen

Schwierig ist es sicher, wenn die Therapie Ihr Sexualleben beeinflusst. Dann ist es besonders wichtig, dass Sie mit Ihrem Partner offen darüber reden, wie er diese Veränderung empfindet. Vermutlich wird es einige Zeit dauern, bis Sie beide Ihre Scheu, darüber zu sprechen, überwunden haben, aber dann werden Ihnen die Gespräche darüber guttun. Kann Ihnen trotz aller Bemühungen die Aussprache mit dem Partner nicht weiterhelfen oder schaffen Sie es nicht, darüber zu reden, holen Sie sich gemeinsam und vertrauensvoll fachliche Hilfe – etwa bei einer Paarberatungsstelle oder bei einem Psychoonkologen.

Erfüllte Sexualität trotz Krebs

Interview mit Dr. ***Gabriele Traun-Vogt,*** *klinische Psychologin, systemische Psychotherapeutin, Leiterin des klinisch-psychologischen Dienstes der Abteilung für Spezielle Gynäkologie an der Universitätsklinik für Frauenheilkunde am AKH Wien und Psychotherapeutin in freier Praxis .*

Frau Dr. Traun-Vogt, wie sehen Sie das Thema Sexualität und Brustkrebs?
Mit Brustkrebs ist ein massiver Einschnitt in das Sexualleben der Betroffenen passiert. Die Brust als Sexualorgan ist Ausgangspunkt einer Erkrankung und bleibt trotzdem ein Ort, an dem Lust empfunden werden kann und über die Sexualität gelebt wird.

Was raten Sie Betroffenen, die sich nach einem Sexualleben sehnen?
Gute Sexualität hat immer etwas mit Schenken zu tun – und verschenken können Sie nur etwas, das Sie haben und hergeben können, ohne sich selbst zu schädigen. Also ist zunächst alles, was Sie stärkt, nährt und wieder ins Gleichgewicht bringt, die Voraussetzung für gemeinsame Sexualität. Kurzum: es geht um das Einlassen auf den Prozess, Sexualität miteinander neu zu entwickeln, den Sie schon mehrfach gemeinsam gemeistert haben – Sie können auf Ihre Erfahrungen zurückgreifen.

Aufgrund der zahlreichen Nebenwirkungen einer Krebstherapie kann es vorkommen, dass zwar die sexuelle Lust besteht, jedoch die körperlichen Voraussetzungen ein erfülltes Sexualleben nicht zulassen. Was raten Sie?

- Bei Scheidentrockenheit: Örtlich angewendete östrogenhaltige Cremes oder Zäpfchen, ein bis zwei Mal pro Woche; nicht östrogenhaltige Zäpfchen, Gleitgel oder Vaseline beim Verkehr
- Bei Schlafstörungen: Antidepressiva mit schlaffördernder Wirkung; pflanzliche Therapien mit Auszügen aus Baldrian, Hopfen, Melisse oder Passionsblume. Weitere unterstützende Maßnahmen kann die komplementäre Medizin und/oder die Traditionell chinesische Medizin bieten. Auch Yoga und Bäder mit ätherischen Ölen können Frauen helfen
- Bei Hitzewallungen, Depressionen, sexueller Lustlosigkeit: Antidepressiva, Antiepileptika, bei Hitzewallungen auch Akupunktur, Kneippbäder und Yoga
- Bei Abbau von Knochensubstanz (Osteoporose): Orale Therapie mit sogenannten Bisphosphonaten (hemmen weiteren Knochenabbau) – täglich oder ein Mal pro Woche, in Kombination mit täglich eingenommenen Calcium-Vitamin-D-Tabletten, zusätzlich regelmäßig Bewegung.

Weitere Informationen zum Thema Sexualität und Brustkrebs finden Sie unter: www.dr-traun-vogt.at

Hilfe annehmen

Das Leben verändert sich bei einer Krebserkrankung. Damit offen umzugehen, ist wichtig. Sich schweigend zurückzuziehen, belastet dagegen Sie und Ihre Angehörigen. Liebevolle Unterstützung und ein verständnisvolles Miteinander durch den Partner oder die Familie werden Ihnen helfen, mit Ihrer Krankheit und den Folgen der Behandlung besser fertig zu werden.

Ich möchte Sie auch ermutigen, mit erfahrenen Seelsorgern, Psychotherapeuten oder einem Psychoonkologen zu sprechen. Vielen fällt es leichter, einem Fremden alle Sorgen und Nöte zu schildern und dem Rat eines Menschen zu vertrauen, der die Probleme Krebsbetroffener aus seiner Arbeit kennt. Sie brauchen nicht zu befürchten, dass Sie psychisch krank sind, wenn Sie diese Hilfe in Anspruch nehmen. Sie nutzen lediglich die Chance, Ihre Krankheit aktiv zu verarbeiten.

Eine weitere Möglichkeit, mit Ihrer Situation zurande zu kommen, beschreiben Harry Paul und Ross Reck in ihrem Buch »Die U-Turn-Strategie«. Wenn Sie das Gefühl beschleicht, dass nichts mehr weitergeht, sollten Sie laut dem Autorenduo solche festgefahrene Situationen umdrehen und wieder Herr über Ihre Gefühle werden. Wenn die Dinge nicht so laufen, wie wir es möchten, passiert es leicht, dass wir nicht wissen, wie wir uns aus der quälenden Stagnation befreien können. Die »U-Turn-Strategie« ist eine verblüffende Möglichkeit, das Ruder herumzureißen und dem Leben eine ganz neue Richtung zu geben.

Harry Paul ist Marketing-Profi und Ross Reck lehrte Management an der Arizona State University.

Eigentlich wurde dieses Buch für Manager geschrieben, um ihnen den oft so schwierigen Alltag zu erleichtern, deshalb sind, so meine ich, diese Weisheiten genau richtig für Brustkrebsbetroffene. Als erfahrene Manager unseres Lebens passiert es uns doch auch hin und wieder, dass wir uns selbst durch triste Gedanken in eine Negativspirale hineindrehen, aus der es oft schwer ist, wieder herauszufinden. Ich werde jetzt ganz kurz einige Punkte aus diesem lesenswerten Buch für Sie herausstreichen:

- Begeisterung ist ansteckend – ebenso wie Leidenschaft! Wenn Sie mit Feuereifer dabei sind, besteht die begründete Hoffnung, dass es den anderen in Ihrer Umgebung ebenso geht.
- Lassen Sie nicht zu, dass zehn Sekunden Ihnen die Laune verderben. Ob es eine böse Bemerkung ist oder ein Autofahrer, der Ihnen die Vorfahrt nimmt – nehmen Sie es nicht persönlich. Denken Sie immer daran, Sie sind Herr Ihrer Gefühle.
- Ein Moment der Wahrheit bietet die Gelegenheit, eine Krise zu überwinden, die ausweglos erscheint. Zeigen Sie den Menschen Ihre wahre Persönlichkeit. Sie werden die Anerkennung Ihrer Umgebung erfahren, und wenn Sie das nächste Mal jemanden um einen Gefallen bitten, können Sie sicher ein begeistertes Ja erhalten.
- Persönliche Beziehungen wachsen nicht von allein. Wie alles Lebendige müssen sie gepflegt werden, wenn sie aufblühen sollen.

- Feiern Sie Ihren Erfolg! Wenn Sie etwas Wichtiges erreichen, achten Sie darauf, dass Sie den Moment nicht einfach so verstreichen lassen. Laden Sie bei Ihren Erfolgen – auch wenn sie noch so klein sind – Ihre Batterien wieder auf!

In solche Bücher zu versinken, macht das Leben wieder einfacher und lebenswert, glauben Sie mir.

Leben heißt wachsen

Wir wachsen immer dann, wenn wir Veränderung zulassen und etwas Neues wagen. Dieser Drang, immer wieder über das, was wir können und kennen hinauszuwachsen, ist in uns allen seit frühester Kindheit angelegt. Ohne ihn hätten wir niemals laufen gelernt, sondern wahrscheinlich schon nach ein paarmal hinfallen aufgegeben.

»Neue Herausforderungen erfordern neue Wege.«
Gottfried Niebaum (1841–1902), deutscher Lyriker und Erfinder

Als Erwachsene müssen wir den tief in uns verwurzelten Wunsch, unsere Begrenzungen zu überwinden, Neues zu wagen oder uns neu zu erfinden, erst einmal wieder entdecken. Zu sehr neigen wir dazu, uns im Gewohnten zu bewegen und alles beim Alten zu lassen.

Was wollen Sie verändern? Nehmen Sie sich etwas Zeit, greifen Sie zu einigen Blatt Papier, nehmen Sie einen Stift zur Hand und überlegen Sie, was Sie gern an sich verändern möchten, wie wollen Sie über sich selbst hinauswachsen. Was möchten Sie los-, was hinter sich lassen, um Zeit zu gewinnen für das, was Ihnen wirklich wichtig ist? Was oder wer könnte Sie dabei unterstützen, Neues zu wagen?

Ein Coach oder Therapeut könnte dabei helfen, Angst zu überwinden, ein Lehrer, wenn Sie etwas Neues lernen wollen. Es kann aber auch eine gute Freundin sein, die Ihnen dabei hilft, Ihre Veränderungswünsche umzusetzen. Sie werden schnell merken, wie sehr sich die Qualität Ihres Lebens verbessert, wenn Sie es wagen, sich zu verändern, wenn Sie Möglichkeiten finden, Neues zu riskieren und an Herausforderungen zu wachsen. Es steckt viel mehr in Ihnen, als Sie glauben!

Leben heißt aber auch sterben

Auch wenn wir heute mit guten Therapien auf sehr hohe Heilungschancen hoffen dürfen, so darf dennoch nicht außer Acht gelassen werden, dass eine schwerwiegende Krankheit wie Brustkrebs die Lebensspanne verkürzen kann. Doch immer noch ist der Tod für viele Menschen ein Tabuthema. Das sollte es aber in Ihrer Situation nicht sein. Denn Todesnähe ist eine Chance, sein Leben in Ordnung zu bringen. Ich möchte Ihnen deshalb im Folgenden Auszüge aus einem Artikel des »Spiegel-Online« näherbringen, in dem die Berliner Ärztin Annette Dieing dafür plädiert, sich rechtzeitig und pragmatisch mit dem Sterben auseinanderzusetzen. Lachen und Humor soll dazugehören.

Zur Autorin: Annette Dieing, 45, ist Internistin und praktiziert als Fachärztin für Hämatologie und Onkologie. Sie ist ärztliche Leiterin des Medizinischen Versorgungszentrums im Vivantes Klinikum Am Urban in Berlin.

Tod als Teil des Lebens

Werde ich nach meinem Beruf gefragt, gerate ich häufig ins Stocken und schleiche ein wenig darum herum. Denn sobald ich erzähle, dass ich mich als Ärztin auf bösartige und oft unheilbare Krankheiten wie Krebs spezialisiert habe, und womöglich erwähne, dass ich das für einen wundervollen Beruf befinde, der mir sehr viel Freude macht, muss ich mir meist rasch einen neuen Gesprächspartner suchen.
Das Thema Sterben ist für viele Menschen schwierig. Fast alle meiden es und sind ein wenig hilflos, wenn es angeschnitten wird. Es gibt nichts so Alltägliches und jeden Betreffendes, das gleichwohl uns allen so fremd ist und das wir so gekonnt aus unserem Leben verdrängen.

Wie Menschen sterben wollen – und wie sie es wirklich tun

Laut Umfragen wollen fast 70 Prozent der Menschen zu Hause sterben. Mehr als 80 Prozent von uns erleben einen mehr oder weniger langen Krankheits- und Sterbeprozess. Theoretisch könnte man sich also darauf vorbereiten und das Sterben in den eigenen vier Wänden planen.
Die Realität sieht anders aus: 75 Prozent sterben im Krankenhaus oder Heim, nur etwa 20 Prozent tatsächlich zu Hause. Warum ist das so? Ich vermute, dass die Leute in gesunden Tagen gefragt werden. Doch wenn man noch voll im Leben steht, ist das Bild vom Sterben vielleicht verklärt. Diejenigen, die angeben, zu Hause sterben zu wollen, haben in der Regel noch nie einen Sterbeprozess begleitet. Die Vorstellung vom Sterben wird in dem Moment eine andere, in dem man unheilbar krank wird und erlebt, wie das ist, wenn man Schmerzen, Luftnot, Angst hat. Man will dort sein, wo diese bedrohlichen Dinge gelindert werden können. Wer traut das schon seinen Angehörigen oder Freunden zu?

Aufruf an Liebende

Was für den Sterbenden gilt, gilt auch für Angehörige: Wer möchte nicht den geliebten Menschen in der Stunde des Todes in den Armen halten? Wie Winnetou seine Ntscho-tschi, die mit einem schmelzenden »Winnetou, mein Bruder, räche mich«, die ohne Schmerzen und Angst und selbstverständlich wunderschön in die ewigen Jagdgründe eingeht. Vergessen Sie das, kein Mensch stirbt so. Sterben ist ein Prozess, der sich oft über Tage, manchmal Wochen hinzieht. Wir schleichen uns aus dem Leben. Doch damit können die wenigsten umgehen. Aus diesem Grund bekommen so viele Sterbende wie Liebende in den letzten Lebenstagen eine große Angst und kommen überstürzt ins Krankenhaus – gerade so, wie das keiner der Beteiligten eigentlich wollte.

Ich rate Ihnen: Lernen Sie, wie man Dinge wie Schmerzen, Luftnot und Angst lindert. Es gibt eine Handvoll Medikamente, mit denen man umgehen können muss, was aber jeder lernen kann. Trauen Sie sich! In den allermeisten Fällen hat man dazu genügend Zeit. Schmerzen treten nicht plötzlich in den letzten Lebensstunden auf. Lassen Sie sich Pläne erstellen, wie viel von welchem Medikament in welcher Situation gegeben werden kann. Probieren Sie aus, sammeln Sie Erfahrung damit, gemeinsam mit dem oder der Betroffenen. Binden Sie rechtzeitig spezialisierte Pflegende und Ärzte ein. Und lassen Sie sich von ihnen eine Notfall-Nummer geben. Oft genügt ein Rat am Telefon, um eine schwierige Situation zu meistern und um viel Angst zu nehmen.
So falsch Beruhigungsmittel und angstlösende Medikamente als vermeintliche Lösung in vielen Fällen sind, so sinnvoll können sie in der Phase des Sterbens sein. Denn wo Angst, Anspannung und Unruhe so dringend notwendige Kräfte rauben und Lebensfreude zerstören, da haben sie ihren Platz. Schmerzen dürfen betäubt werden, wenn die Ursache nicht mehr behoben werden kann. Ebenso gibt es keinen Grund, warum man Angst in einer solchen Situation aushalten muss.

Der Wedding Planner

Haben Sie schon mal eine Hochzeit geplant? Das nimmt nicht nur locker Monate in Anspruch, es beschäftigt auch viele Menschen und kostet oft sehr viel Geld. Mühen, die wir für diesen einen besonderen und magischen Tag im Leben gerne in Kauf nehmen. Das Sterben aber – auch ein besonderer, magischer Moment im Leben – wird meistens nicht so geplant. Stattdessen wird so getan, als würde es gar nicht stattfinden.
Lediglich der Vorsatz: »Naja, da machen wir uns Gedanken, wenn es soweit ist« geistert in den Köpfen. Dabei ist Gevatter Tod verlässlicher als so manche Braut und kommt, auch wenn wir den Zeitpunkt nie genau wissen.
Deshalb sollten Sie planen! Vielleicht nicht mit 25 und kerngesund. Aber spätestens bei der Diagnose einer schweren oder gar unheilbaren Erkrankung. Das gilt auch für chronische Krankheiten, wie Herz- oder Nierenschwäche, ganz besonders aber für Krebs, Herzinfarkte oder schwere Lungenerkrankungen, die das Leben auf wenige Jahre oder gar Monate begrenzen können.
Planen Sie, solange Sie dazu in der Lage sind. Und stellen Sie sich den Fragen: Wo will ich sein, wenn ich mich nicht mehr alleine versorgen kann? Eignet sich meine Wohnung? Welche professionelle Hilfe wird angeboten? Wie steht es mit finanzieller Unterstützung? Wer würde sich zur Hilfe bereiterklären? Wen will ich um mich haben? Ist vielleicht ein Hospiz das Richtige? Dann sehen Sie sich welche an!
Als Schwerkranker verlieren Sie Ihre Eigenständigkeit. Es ist bitter genug, sich nicht mehr alleine von A nach B bewegen und sich nicht mehr selbst

versorgen zu können. Aber wenn auch noch der Ablauf des Tages vollkommen fremdbestimmt ist und Sie in einer nicht vertrauten Umgebung auf fremde Hilfe angewiesen sind, ist das besonders schlimm. Machen Sie sich rechtzeitig Gedanken, dann bestimmen Sie mit. Manchmal genügt auch nur ein weiches Kissen. Diejenigen, die Sie begleiten sollen, müssen sich pflegerische und medizinische Kenntnisse aneignen. Es nützt nichts, wenn jemand hilflos vor dem vollen Medikamentenschränkchen steht und nicht weiß, was zu tun ist. Vielleicht hilft ja auch schon ein weiches Kissen zwischen den Knien gegen die Schmerzen oder ein kleiner Ventilator bei Luftnot.
Auch schwierige Dinge sollten Sie offen besprechen: Wie viel können und wollen Freunde und Angehörige helfen, und wann ist professionelle Hilfe besser? Können diejenigen, die einen Schwerkranken oder Sterbenden versorgen wollen, das auch verlässlich leisten? Überfordern sich diese Menschen, ist die Gefahr groß, dass der Betroffene das Gefühl hat, anderen zur Last zu fallen – eine ungeheure Qual. Gleichwohl ist Verlässlichkeit für Schwerkranke und Sterbende unverzichtbar.

Im Angewiesensein auf fremde Hilfe zählt jede Minute
Versuchen Sie einmal, in einer unbequemen Position zehn Minuten zu verharren – das gibt vielleicht einen kleinen Eindruck dessen, was das Warten auf eine helfende Hand oder einen Schluck Wasser bedeuten kann.

Lachen erlaubt
Darf man mit Schwerkranken, gar Sterbenden lachen und scherzen? Aber ja! Humor ist nicht pietätlos. Er bringt Freude, Leichtigkeit und Lebendigkeit, die jeder braucht, wie krank auch immer. Vor einiger Zeit besuchte ich einen Schwerkranken, der bei uns auf einen Hospizplatz wartete. Bettlägerig, den Tod vor Augen, war er vollständig auf Hilfe angewiesen. Auf meine routinierte Frage nach seinem Befinden antwortete er mich einem verschmitzten Lachen auf den Lippen: »Na, det blühende Leben, Frau Doktor, det sehn Se doch!« Scherze passen nicht immer, aber häufiger als man denkt. Trauen Sie sich zu lachen, das kann ein Lebenselixier sein.
Natürlich lässt sich das Sterben nicht wie eine Hochzeit planen. Krankheiten können auch unberechenbar verlaufen. Aber wenn man sich vorher damit auseinandersetzt, kommt man ganz sicher besser zurecht – auch wenn es nicht immer leicht ist. Die Endlichkeit gehört zum Leben, und macht es doch auch besonders wertvoll. Wenn es uns gelingt, das mit Gelassenheit zu akzeptieren, dann wird es uns auch leichter fallen, geliebte Menschen im Sterben zu begleiten – und unser eigenes Sterben auszuhalten.

Annette Dieing

Mentaltechniken

Sobald wir versuchen, uns aktiv mit unserem seelischen Zustand auseinanderzusetzen, sollten wir nicht vergessen, dass auch der Geist einen gewichtigen Beitrag zu unserer Rehabilitation beitragen kann. Ich möchte Ihnen hier kurz ein paar Mentaltechniken vorstellen, die Sie eventuell in Ihr Programm einbauen können.

Gedanken sind bekanntlich sehr starke Kräfte. Es gilt, dies zu erkennen und sich dessen bewusst zu werden.

Mentaltechniken haben zum Ziel, die Gedanken zu ordnen und so zu Ausgeglichenheit, Vertrauen und einem positiven Selbstwertgefühl zu gelangen. Mit der Kraft der Gedanken und Gefühle, aber auch mit der Kraft von inneren Bildern lässt sich gezielt der Bewusstseinszustand beeinflussen. Forschungen zu diesen Techniken haben gezeigt, dass Emotionen einen starken Einfluss auf die physiologischen Abläufe in unserem Körper haben. Warum? Sie ändern langfristig die Einstellung zu uns selbst und unserem Umfeld.

Meditation

Diese Methode ist bewährt, um spirituelle Erfahrungen zu sammeln, das Bewusstsein zu erweitern und die Selbstheilungskräfte des Körpers und der Seele zu wecken. Der lateinische Begriff *meditatio* bedeutet nachdenken, nachsinnen, überlegen. Die innere Einkehr steht hier im Vordergrund, die Neuorientierungsprozesse in Gang bringen kann und damit die Sichtweise auf das eigene Dasein verändert. Untersuchungen eines amerikanischen Forschungsteams der Harvard-Universität bestätigen, dass Meditation und Gebet Auswirkungen auf die Gehirnaktivitäten in dem Maß haben, dass jene kognitiven Zentren angesprochen werden, die für das Wohlbefinden zuständig sind.

Die Technik der inneren Sammlung und Kontemplation geht auf eine Jahrtausende alte Tradition zurück und wird in vielen Kulturen praktiziert. Ihre religiösen Wurzeln hat die Meditation vor allem im fernöstlichen Raum, also besonders im Hinduismus, Buddhismus und Taoismus. Dort besitzt sie eine ähnliche Bedeutung wie das Gebet im Christentum. Durch den Zustand wacher, aber sehr tiefer Stille können sich die Gedanken ordnen, der Geist kommt zur Ruhe.

Mental Healing

Es gibt viele Wege, die zur inneren Einkehr führen. So habe ich an einem Seminar von Margarita Zinterhof teilgenommen, die seit über 30 Jahren Expertin auf diesem Gebiet ist. Sie hat uns auf einer spannenden Reise mit Fakten, Geschichten und Meditationen begleitet und uns mit der Überzeugung nach Hause entlassen, zu vertrauensvollen, kraftvollen Gestaltern unseres Lebens zu werden. Zinterhof geht davon aus, dass der Körper Projektionsfläche des Geistes ist, das heißt, dass eine körperliche (vorübergehende) Störung ihren Ursprung im Geist, in der Seele hat und sich erst danach im Körper manifestiert. Jedes Symptom ist also eine Botschaft für persönliche Weiterentwicklung. Denken wir immer daran: Der eigene Körper ist der beste Botschafter, leben wir ganz bewusst im Augenblick, gönnen wir uns Ruhepausen, nehmen wir uns Zeit für ein liebevolles

Gespräch mit uns selbst und unser inneres Gleichgewicht, unsere innere Ordnung wird sich wie ganz von selbst wiederherstellen. Geistige Kraft bewirkt, dass alles so kommt, wie es stimmt, alles fügt sich so, wie es stimmt – zum Wohle aller Beteiligten.

Autosuggestion

Wer positiv denkt, kann sich besser entspannen als jemand, der sich immer mit Negativem befasst. Dieses positive Denken hat nichts mit Verdrängen von Sorgen zu tun. Autosuggestion arbeitet ähnlich wie das Autogene Training mit Satzformeln, die durchwegs eine positive Aussage haben. Eine einfache Übung in Autosuggestion, die zu innerer Ausgeglichenheit führen kann, ist folgende:

- Nehmen Sie eine entspannte Haltung ein.
- Schließen Sie die Augen.
- Sagen Sie sich folgende Sätze vor: »Mir geht es gut. Ich bin angenehm entspannt und fühle mich wohl.«

Jeder kann sich seine eigenen Formeln zur Autosuggestion ausdenken. Sie sollten aber immer möglichst kurz sein, eine positive Aussage haben und negative Formeln vermeiden. Wenden Sie Ihre Formeln möglichst täglich an. Mit der Zeit tritt der Verstärkungseffekt ein, Sie werden entspannt sein und beispielsweise mit den Worten: »Ich werde jetzt gut schlafen und morgen voller Kraft sein« einen tatsächlichen Effekt erzielen, der sich immer leichter und schneller einstellen wird.

Die Lehre der Autosuggestion wurde im 19. Jahrhundert von Émile Coué, einem französischen Apotheker, begründet.

Psychoonkologie

Ungefähr ein Drittel der Brustkrebspatienten nehmen im Verlauf ihrer Erkrankung psychoonkologische Unterstützung in Anspruch. Zu groß sind die Belastungen, die mit Diagnostik und Therapie einhergehen, zu überwältigend die Gefühle wie Angst, Trauer, Hilflosigkeit. Auch die Nebenwirkungen der Therapie sowie gravierende Veränderungen im äußeren Erscheinungsbild wie Haarausfall oder Brustamputation können eine psychoonkologische Konsultation nötig machen. Ich kann nur immer wieder betonen: Sich helfen zu lassen, ist kein Zeichen von Schwäche. Im Gegenteil: Eine psychologische Begleitung über den gesamten Therapieverlauf hat günstigen Einfluss auf Rehabilitation und Heilungschancen. Im Gespräch erfasst der Psychoonkologe, wie sehr Sie belastet sind, um die Situation richtig einzuschätzen.

Psychoonkologische Hilfe kann jederzeit in Anspruch genommen werden, auch noch Jahre nach der Krankheit selbst. Auch eine Kunst- oder Musiktherapie kann zum Einsatz kommen. Im Gespräch oder in künstlerischer Auseinandersetzung mit einem Fachmann wird gemeinsam erarbeitet, was Ihnen guttun kann. Wichtigstes Ziel einer psychoonkologischen Betreuung ist der Gefühlsausdruck und die Verarbeitung der Krankheit. Aus Erfahrung kann ich aber berichten, dass Psychoonkologen vor allem zuverlässig und kompetent für Sie da sind.

Gabriele H.

Ich lebe mit meinem Mann und unserem Sohn in Salzburg und hatte bis zum Mai 2012 gedacht, ich werde gemeinsam mit dem Mann, den ich vor 27 Jahren kennen- und lieben gelernt habe, alt werden. Leider hat sich die Sachlage am Montag, dem 21. Mai 2012 dramatisch geändert. Nach einigen Voruntersuchungen wurde mir an diesem Tag mitgeteilt, dass ich einen bösartigen Tumor in einer meiner Brüste habe, der auch schon die Lymphe einer Achsel und die Leber befallen hat.

❁

Viele bewundern die Art und Weise, wie ich mit meiner unheilbaren Krankheit umgehe. Aber was bleibt mir denn anderes übrig, als dem Krebs den Kampf anzusagen? Ich habe noch nie schnell aufgegeben. Bei acht Geschwistern ist man einiges gewohnt, und da kommt auch die Kraft her, die meine derzeitige Lebenssituation fordert. Meine eigene kleine Familie, meine und unsere gemeinsamen Freunde sind ebenfalls sehr wichtige Lebensbegleiter, für die sich das Durchhalten lohnt.

❁

Auch den Sport darf ich nicht vergessen. Heuer im Frühjahr ging ich mit weiteren sieben Brustkrebspatientinnen in ein monatelanges Wanderprojekt, das sich »still bergauf« nannte. Zuletzt haben wir gemeinsam Ende September einen 3000er bestiegen. Dieses Ziel hatten wir uns im März vorgenommen und dann umgesetzt. Wir hatten viel Spaß, haben sehr nette, wertvolle Menschen kennengelernt, neue Freundschaften geschlossen und dem Krebs den Kampf angesagt. Weder Regen noch Schnee oder Kälte haben uns vom Ziel abweichen lassen, und als wir dann auf 3022 Höhenmetern beim Gipfelkreuz standen, konnten wir zurecht stolz auf uns sein. Es war überwältigend.

❁

Durch meine Ausbildung zur Lebens-, Sterbe- und Trauerbegleiterin im Hospiz Salzburg vor einigen Jahren, kann ich auch mit der Endlichkeit meines Lebens besser umgehen. Die befristete Lebenszeit, die mir durch die Krankheit gegeben ist, kann ich, für mich persönlich gesagt, sehr gut nutzen. Ich kann sehr persönliche Dinge für meine Lieben fertigstellen und mich bewusst mit dem Jetzt auseinandersetzen. Ich finde es allerdings unendlich schade, dass ich die zukünftige Frau meine Sohnes nie kennenlernen werde und nicht weiß, ob er je Kinder in die Welt setzen, was er nach dem Studium machen wird. Werde ich bei seiner Sponsionsfeier dabei sein? Wie wird mein Mann mit der Situation zurechtkommen, wird er sich wieder verlieben können (ich wünsche es ihm so sehr)? Auf diese und viele andere Fragen gibt es für mich keine Antwort. Ich weiß nur eines: Dass ich aufgrund meiner Krankheit vieles bewusster erlebe.

❁

Aber solange der Knoten in meiner Brust nicht wieder zu wachsen beginnt, die Metastasen halbwegs im Griff scheinen und ich die Behandlung erträglich empfinde, solange genieße ich das Leben und gehe erhobenen Hauptes durch diese schöne Welt.
Passt auf euch auf da draußen!

Kapitel IV

Bewusst leben

Bewusst leben

OFFEN über Brustkrebs zu sprechen war bis vor nicht allzu langer Zeit nicht möglich. Dass sich hier viel geändert hat, verdanken wir nicht nur prominenten Protagonisten, die ein neues Bewusstsein darüber in die Gesellschaft eingebracht haben – ich denke da beispielsweise an Evelyn Lauder, die Gründerin der *Estée Lauder Companies* –, sondern auch der Tatsache, dass die Forschung immer weiter daran arbeitet, der Krankheit die ultimativ todbringenden Folgen zu nehmen. So ist es mittlerweile immer öfter gelungen, den Krebs in eine chronische Erkrankung umzuwandeln, wenn es keine Heilungschancen mehr gibt. Das bedeutet, dass Betroffene zwar nicht gesund sind, aber mit dieser Krankheit weiter an einem an sich normalen Leben teilnehmen können – ohne wesentliche Einschränkungen ihrer Befindlichkeit. Das ist aber nur ein Aspekt. Denn ein anderer, nicht zu unterschätzender ist, dass sich Brustkrebspatienten durchwegs nach dem Ende ihrer Therapien in einem neuen Leben wiederfinden. Sie sind sich ihrer eigenen Kräfte bewusst geworden, haben sowohl psychisch als auch physisch eine neue Richtung eingeschlagen und sehen ihre Zukunft in einem anderen Licht. Deshalb sprechen Betroffene offen darüber, bilden Selbsthilfegruppen und finden eine aufgeschlossene, kooperative Ärzteschaft, die auf Tuchfühlung mit den Problemen vor, während und nach einer Krebserkrankung bleiben. Zu den angesprochenen Problemen gehört natürlich auch die Frage nach dem Woher und dem Wohin.

Evelyn Lauder erkrankte 1989 an Brustkrebs. Sie begann mit einer weltweiten Kampagne zur Aufklärung und Vorsorge im Kampf gegen diese Krankheit und gründete die »Breast Cancer Research Foundation«.

Eine unserer Aufgaben als Patientenvertreter ist es, allen Betroffenen genügend Informationen bereitzustellen, um auch auf die *Vorsorge* hinzuweisen. Auch deshalb habe ich diesem Ratgeber den Titel »Du bist nicht allein« gegeben.

Warum?

Die meisten Patienten, die sich mit der Diagnose Brustkrebs konfrontiert sehen, fragen sich: »Warum ausgerechnet ich?« oder »Was habe ich falsch gemacht?« An Brustkrebs zu erkranken, ist aber keine Frage der Schuld oder des falschen Handelns, es ist aber auch kein unabwendbares Schicksal, denn die richtige Vorsorge trägt wesentlich zur Risikominimierung bei.

Über die Voraussetzungen zur Entstehung von Brustkrebs herrscht immer noch Ungewissheit. Ein entscheidender Faktor bei der Entwicklung jedes bösartigen Tumors ist allerdings die Veränderung des Erbgutes einer einzigen Zelle, die dazu führt, dass diese Zelle ihre natürliche Teilungshemmung verliert: Sie kann sich in diesem Fall ungehindert vermehren, bis schließlich viele Millionen Zellen eine Geschwulst bilden.

Was die Veränderung des Erbgutes der Zelle hervorrufen kann, hat vielerlei Ursachen. Wissenschaftliche Untersuchungen haben bereits eine Reihe von Faktoren herausgefunden, die das Risiko für Frauen erhöhen, an Brustkrebs zu erkranken. Im Mittelpunkt steht dabei das weibliche Geschlechtshormon *Östrogen,* aber zahlreiche andere Faktoren können eine Rolle spielen. Hier ist vor allem auf das Wörtchen *können* zu achten, denn all die im Folgenden genannten Einflussfaktoren müssen nicht zu einer Krebserkrankung führen.

Brustkrebseinflussfaktoren für Frauen im Vergleich

Einflussfaktoren	Auswirkungen auf das Brustkrebsrisiko
Alter	+++
Erbliche Veranlagung	+++
Zwei oder mehr nahe Verwandte (Mutter, Schwester, Tochter) mit Brustkrebs	+++
Bestrahlung der Brust mit hohen Dosen ionisierender Strahlung (Strahlentherapie)	++
Bestimmte Befunde der Brust, zum Beispiel atypische Hyperplasie	++
Dichtes Brustgewebe in der Mammografie	++
Brustkrebs in einer Brust (Risiko für die zweite Brust)	++
Eine nahe Verwandte (Mutter, Schwester, Tochter) mit Brustkrebs	++
Späte Menopause (nach dem 55. Geburtstag)	+
Frühe erste Menstruation (vor dem 12. Geburtstag)	+
Keine Kinder oder erstes Kind mit über 30 Jahren	+
Hormontherapie nach der Menopause (Kombinationstherapie)	+
Momentane Einnahme der «Pille»	+
Erkrankung an Gebärmutter- oder Eierstockkrebs	+
Übergewicht nach der Menopause	+
Alkoholkonsum	+
Erste voll ausgetragene Schwangerschaft vor dem 20. Geburtstag	-
Zwei oder mehr Kinder (Schwangerschaften)	-
Stilldauer insgesamt mehr als ein Jahr	-
Regelmäßige körperliche Bewegung	-

+++ = starke Erhöhung des Risikos
++ = deutliche Erhöhung des Risikos
+ = leichte Erhöhung des Risikos
- = Senkung des Risikos

Ich möchte nun nicht näher auf alle angeführten Risiken eingehen. Was aber leider weder durch eine gesunde Lebensweise aktiv noch durch biografische Gegebenheiten beeinflusst wird, sind erbliche Vorbelastungen. Hier ist eine ganz besondere Art der Prävention wichtig, die ich nicht verabsäumen möchte, Ihnen etwas ausführlicher darzulegen.

Die erbliche Veranlagung

Wie anhand der vorhergehenden Tabelle ersichtlich ist, steht das Risiko, erblich bedingt an Brustkrebs zu erkranken, nach der altersbedingten Möglichkeit an zweiter Stelle. In manchen Familien treten Brustkrebserkrankungen besonders häufig auf. Publik gemacht hat diese Tatsache der US-Filmstar Angelina Jolie, der einer solchen Familie entstammt und sich vorsorglich sowohl die Brustdrüsen als auch die Eierstöcke entfernen ließ – das veränderte Gen kann nämlich auch Eierstockkrebs verursachen. Experten schätzen, dass etwa fünf bis zehn Prozent aller Betroffenen die Anlage, an Krebs zu erkranken, von Mutter oder Vater geerbt haben. Sowohl männliche als auch weibliche Familienmitglieder können diese Veranlagung wiederum an ihre Kinder weitergeben, deshalb spricht man hier von Hochrisikofamilien.

Auch Brustkrebs gehört zu den Krebsarten, die in Familien gehäuft vorkommen können. Bei ihnen kann eine Mutation in den sogenannten *BReast-CAncer-Genen, BRCA1, BRCA2* oder *BRCA3,* auch *RAD 51C* genannt, vorliegen. Es handelt sich dabei um Gene, die jede Frau und jeder Mann von Geburt an tragen. Die Proteine, die nach dem Vorbild der Gene gebildet werden, besitzen eine wichtige Funktion bei der Reparatur von Zellschäden. Sie sind also daran beteiligt, die Entstehung von Krebs zu verhindern. Eine angeborene krankheitsassoziierte Veränderung, auch *Mutation* genannt, in einem dieser beiden Gene beeinträchtigt die Reparaturfunktion der Proteine. Dies führt zu einer starken Risikoerhöhung an Brust- und Eierstockkrebs zu erkranken. Nach dem heutigen Wissensstand liegt die Wahrscheinlichkeit, bei einer Genveränderung an Brustkrebs zu erkranken, bei bis zu 85 Prozent und die Wahrscheinlichkeit, an Eierstockkrebs zu erkranken, bei bis zu 53 Prozent.

Genmutationen sind Veränderungen innerhalb eines Gens. In der Regel wird eine der Nukleotidbasen der DNA verändert, das nennt man Punktmutation. Eine mögliche Ursache kann ein Fehler bei der Verdopplung der DNA-Replikation sein.

Und noch etwas ist wichtig zu erwähnen: Männer, die eine Veränderung im BRCA1- oder BRCA2-Gen tragen, haben ein erhöhtes Risiko, im Laufe ihres Lebens an Brustkrebs und Prostatakrebs zu erkranken.

Erblich bedingter Brustkrebs

Interview mit Univ. Prof. Dr. ***Christian Singer,*** *MPH, Leiter der Senologie der Universitätsklinik für Frauenheilkunde, MedUni Wien sowie Leiter des genetischen Labors für erblichen Brust- und Eierstockkrebs.*

Herr Prof. Singer, wie häufig kommt familiär bedingter Brustkrebs vor?
Etwa 15–20 Prozent aller Brustkrebserkrankungen treten familiär gehäuft auf. In etwa der Hälfte dieser Fälle sind Veränderungen im Erbgut, sogenannte Mutationen, in BRCA1 oder 2, das sind die Brustkrebs-Gene, ursächlich für die Erkrankung verantwortlich. Liegt in einem der beiden Gene eine Mutation vor, so ist das Risiko, im Lauf des Lebens an Brust- oder Eierstockkrebs zu erkranken, stark erhöht. Ich möchte aber darauf hinweisen, dass die Gene BRCA1 und BRCA2 grundsätzlich gesunde und wichtige Gene sind, die zu den sogenannten Reparaturgenen zählen. Erst eine Mutation macht sie leider zur Gefahr.

Wann spricht man von monogenen, wann von polygenen Erkrankungen?
Monogene Erkrankungen betreffen ausschließlich BRCA1- und BRCA2-Mutationen. Polygene Erkrankungen sind multifaktoriell und haben zusätzliche Mutationen in anderen Genen.

Welche Voraussetzungen sind notwendig für eine Blutabnahme und Analyse?
Eine genetische Beratung ist Voraussetzung. Derzeit gibt es über 70 Beratungszentren für familiären Brust- und Eierstockkrebs in ganz Österreich, verteilt auf alle Bundesländer, wo Familien nach denselben Kriterien beraten werden. Ich darf für nähere Informationen auf Seite 107 verweisen.

Wann wird eine molekulargenetische Untersuchung durchgeführt?
Erkrankungsfälle müssen, unabhängig vom Verwandtschaftsgrad, innerhalb einer Linie (väterlicherseits oder mütterlicherseits) aufgetreten sein. Eine molekulargenetische Untersuchung sollte nach Möglichkeit zunächst bei bereits erkrankten Personen durchgeführt werden.

Was ist für Risikofamilien wichtig zu wissen?
Wichtig ist zu erwähnen, dass erblich bedingter Brustkrebs keine Frauensache ist. Er ist auch Männersache! Männer können sowohl selbst erkranken, als auch Überträger der Krankheit sein.

Die Untersuchung

Eines vorweg: Eine Mutation im BRCA1- oder BRCA2-Gen ist sehr selten. Nur etwa eine von 500 Personen trägt eine Mutation im BRCA1-Gen und nur etwa eine von 700 Personen trägt eine Mutation im BRCA2-Gen. Die überwiegende Mehrheit aller Brustkrebserkrankungen ist also nicht auf genetische Ursachen zurückzuführen. Allerdings kann das gehäufte Auftreten von Brust- und/oder Eierstockkrebs in einer Familie bzw. das Auftreten von Brustkrebs in jungen Jahren ein Hinweis auf eine erbliche Form der Erkrankung sein. Die genetische Untersuchung wird nur für Personen angeboten, bei denen basierend auf der persönlichen oder familiären Vorgeschichte wahrscheinlich eine erbliche Veranlagung vorliegt.

Bis zum 70. Lebensjahr erkranken von zehn österreichischen Trägerinnen einer BRCA1-Mutation etwa acht Frauen an Brustkrebs und rund fünf Frauen an Eierstockkrebs.

Wenn bei einer Frau oder einem Mann ein verändertes BRCA1- oder BRCA2-Gen festgestellt wird, können andere Familienmitglieder ebenfalls davon betroffen sein. Jedes Kind hat infolgedessen eine 50-prozentige Wahrscheinlichkeit, das veränderte Gen geerbt zu haben, wobei dieses Risiko für jedes Kind gleich ist. Es hängt also nicht davon ab, ob Geschwister die Veränderung geerbt haben oder nicht. Außerdem darf nicht darauf vergessen werden, dass das veränderte Gen auch über Männer vererbt werden kann. Wenn das veränderte Gen nicht geerbt wird, kann es auch nicht an Kinder weitergegeben werden. Das veränderte Gen kann keine Generation überspringen.

Aufgrund der aufwendigen Untersuchung kann es manchmal einige Monate dauern, bis das Untersuchungsergebnis vorliegt. Dies ist eine international übliche Wartezeit. Betroffene haben währenddessen die Möglichkeit für ein ärztliches bzw. psychologisches Gespräch. Hängt allerdings in speziellen Fällen bei einer aktuellen Krebserkrankung eine Therapieentscheidung vom genetischen Ergebnis ab, kann der Arzt eine priorisierte Analyse beantragen. Dann kann das Ergebnis in deutlich kürzerer Zeit vorliegen.

Die Kosten

Wenn die genetische Beratungsstelle ein mögliches erbliches Risiko festgestellt hat, so ist die genetische Untersuchung, bei gültiger österreichischer Sozialversicherung, kostenfrei.

Beratung für Risikofamilien

Österreichweit gibt es in allen Bundesländern über 70 Beratungsstellen für familiären Brust- und Eierstockkrebs. Alle Beratungsstellen stehen jederzeit für ein persönliches Gespräch zur Verfügung, wobei alle Familien nach den gleichen Richtlinien beraten werden. Auch psychologische Betreuung im Zusammenhang mit familiärem Brust- und Eierstockkrebs gehört zum Angebot. Versuchen Sie bitte möglichst viele Informationen über Ihre Familiengeschichte einzuholen. Besonders wichtig sind Krebserkrankungen, die in Ihrer Familie aufgetreten sind. Holen Sie auch jene Informationen ein, die über das Alter, in dem Ihre Familienmitglieder erkrankt sind, Auskunft geben. Nehmen Sie auch alle Befunde mit, die mit Krebsfällen in der Familie in Zusammenhang stehen. Zentrum für familiären Brust- und Eierstockkrebs: Tel.+43 1 40 400-78290 info@brustgenberatung.at, www.brustgenberatung.at

Die Behandlung des genetischen Brustkrebses erfolgt bisher in Anlehnung an die nationalen Leitlinien für sporadischen Brustkrebs. Neuere Untersuchungen zeigen jedoch, dass bei aggressiven Tumoren, denen eine Genveränderung zugrunde liegt, andere Therapiekonzepte aussichtsreicher erscheinen. Der präventive Eingriff der Abnahme beider Brüste sowie gegebenenfalls der Eierstöcke rückt hier klar in den Vordergrund. Allerdings benötigen die betroffenen Frauen ausreichend Zeit und eine umfassende Beratung, um sich mit dem Thema intensiv auseinandersetzen zu können und die richtige Entscheidung zu treffen. Erfahrungsgemäß ist das ein längerer Prozess, in dem die individuelle Situation betrachtet und viele Faktoren wie etwa die Familienplanung berücksichtigt werden müssen.

Für Hochrisikopatientinnen werden in Österreich folgende Früherkennungsuntersuchungen empfohlen:

Art der Untersuchung	Ab 18. LJ	Ab 25. LJ	ab 35. LJ	Bei Bedarf
Gyn Untersuchung	1 x jährlich			
Ärztl. Brustuntersuchung	1 x jährlich			
Mammasonografie a				x
Mammografie b,c			1 x jährlich	
Brust MRT b,c,d,e		1 x jährlich		
Vaginalsonografie c,f			1 x jährlich	
TU Marker (CA 125) c,f			1 x jährlich	

Brustkrebs beim Mann

Brustkrebs bei Männern – gibt es das überhaupt? Die Antwort lautet Ja, wenn auch sehr selten. Brustkrebs gilt als typische Frauenerkrankung. Daher wird diese Tumorform bei Männern oft relativ spät entdeckt. Die Behandlung orientiert sich weitgehend an den Leitlinien, die heute für das Mammakarzinom der Frau gelten.

Bei der Informationssuche wie im Austausch mit anderen Betroffenen stoßen männliche Brustkrebspatienten jedoch schnell an ihre Grenzen. Fachleute widmen der Krankheit allerdings zunehmend mehr Aufmerksamkeit. Bei den meisten männlichen Brustkrebspatienten lässt sich im Nachhinein kein auffälliger Risikofaktor finden.

Genveränderungen

Man weiß heute, dass es einige ererbte oder spontan aufgetretene Genveränderungen gibt, die bei Frauen und auch Männern das Brustkrebsrisiko steigern. Dazu gehören Veränderungen in den BRCA-Genen und einige weitere, noch nicht in allen Details bekannte erbliche Faktoren. Solche Genveränderungen finden sich aber nur bei einer Minderzahl der tatsächlich Betroffenen. Möglicherweise gibt es weitere Risiko-Gene, die bisher noch nicht identifiziert werden konnten.

Der Begriff Klinefelter Syndrom (gesprochen: Kleinfelter) bezeichnet die Auswirkungen einer besonderen Chromosomenkonstellation. Das zusätzliche X-Chromosom führt zu einer Störung der Hodenfunktion, die infolgedessen zu wenig Testosteron bilden.

Bekannt ist noch ein weiterer Zusammenhang zwischen Risiko und Genen: Ein fast so hohes Brustkrebsrisiko wie Frauen haben Männer mit sogenanntem *Klinefelter-Syndrom,* die ein oder mehrere zusätzliche weibliche X-Chromosomen aufweisen. Dazu muss aber gesagt werden, dass die Ausprägung des Syndroms von Fall zu Fall sehr verschieden sein kann.

Strahlung

Als risikosteigernd gilt bei Männern wie bei Frauen zudem langjährige oder hoch dosierte radioaktive Strahlung, die das Brustgewebe betroffen hat. Männer, die bereits einmal eine Bestrahlung des Oberkörpers erhalten haben, zum Beispiel wegen einer früheren Krebserkrankung, sollten dies ihren Ärzten mitteilen. So ist sichergestellt, dass mögliche Veränderungen gezielt überwacht werden können.

Hormone

Auch hormonelle Faktoren scheinen eine Rolle zu spielen: Männer produzieren wie Frauen das Geschlechtshormon Östrogen, wenn auch normalerweise in weitaus geringeren Mengen. Ein höherer Östrogenspiegel kann allerdings bei Männern mit starkem Übergewicht auftreten oder auch durch Lebererkrankungen wie etwa einer Leberzirrhose oder Leberschrumpfung. Diskutiert wird auch, ob Bodybuilder, die über längere Zeit nicht zugelassene Hormone zur Leistungssteigerung verwenden, ebenfalls ein gesteigertes Brustkrebsrisiko tragen.

Was ist bei Männern anders als bei Frauen?

Brustkrebs bei Männern macht sich ebenso bemerkbar wie bei Frauen. Meist tastet man selbst eine Veränderung im Brustgewebe. Als Warnsignal gelten aber auch: Flüssigkeitsabsonderung aus der Brustwarze, kleine Entzündungen oder Wunden, die nicht abheilen, oder eine Einziehung der Brusthaut an einer Stelle oder der Brustwarze.

Auch die Abklärung solcher Veränderungen sieht ähnlich aus wie bei Frauen: Ultraschalluntersuchungen können erste Informationen bieten. Die wichtigste Untersuchung ist aber auch für Männer die Mammografie, die Röntgenuntersuchung der Brust. Beide bildgebenden Verfahren sind bei männlichen Patienten jedoch nicht so aussagekräftig wie bei Frauen, unter anderem deshalb, weil das Gewebe wesentlich dichter ist. Eine Krebsdiagnose wird daher erst gestellt, nachdem Ärzte per Biopsie eine Gewebeprobe aus der Brust entnommen und untersucht haben. In weiteren Tests wird untersucht, ob der Tumor auf Geschlechtshormone mit Wachstum reagiert, ob er für Brustkrebs typische molekularbiologische Besonderheiten aufweist und ob er in anderes Gewebe streut.

Mit dem Begriff »Biopsie« bezeichnet man die Entnahme und anschließende histologische bzw. zytologische oder laborchemische Untersuchung einer Gewebeprobe. Die Gewebeprobe nennt man Biopsat.

Behandlungsverfahren

Auch die Therapie unterscheidet sich für Männer wenig von der für Frauen. In einer Operation werden sowohl tumorverdächtige Bereiche wie auch benachbarte Lymphknoten aus der Achselhöhle entnommen. Über solche Lymphknoten können sich Tumorzellen am ehesten im Körper ausbreiten. Ob es ausreicht, nur den Tumor und einen Randsaum von gesundem Gewebe zu entfernen, oder ob der gesamte Drüsenkörper und die Brustwarze in einer sogenannten Mastektomie entfernt werden müssen, hängt von der Ausbreitung des Tumors ab.

Da bei Männern von vornherein viel weniger Brustgewebe vorhanden ist als bei Frauen, lässt sich die Entfernung der gesamten Brust allerdings oft nicht vermeiden. Trotzdem beurteilen viele betroffene Männer das kosmetische Ergebnis als gut. Je nachdem, wie der Befund nach der Operation eingeschätzt wird und wie hoch das Risiko für einen Rückfall trotz Operation ist, erhalten betroffene Männer weitere Therapien.

Diese adjuvanten oder unterstützenden Maßnahmen richten sich gegen Tumorzellen, die möglicherweise unsichtbar im Körper verblieben sind. Dazu gehören eine Strahlentherapie der Brustwand und eventuell eine Chemotherapie. Bei sehr vielen Männern ist eine antihormonelle Therapie sinnvoll, weil ihr Tumor östrogenabhängig wächst, und/oder eine Therapie mit Antikörpern, die sich gegen besondere Merkmale mancher Brustkrebszellen richten.

Diese Behandlungen helfen oft auch dann, wenn ein Rückfall festgestellt wird oder der Tumor bereits bei Diagnosestellung Metastasen gebildet hat. Dann zielt die Therapie vor allem darauf ab, das Tumorwachstum so lange wie möglich zu bremsen und krankheitsbedingte Beschwerden zu lindern.

Die richtige Ernährung

Nachdem ich mich mit dem Woher befasst habe, möchte ich mich nun dem Wohin zuwenden. Brustkrebsbetroffene sind, wie schon erwähnt, in der Mehrzahl gestärkt aus ihrer Krankheit herausgetreten, so merkwürdig das klingen mag. Nicht selten sprechen sie davon, nun jemand anderer zu sein, mehr vom Leben zu genießen, bewusster in den Tag zu gehen. Dazu gehört neben einem gesunden Geist auch ein gesunder Körper. Dabei ist gesunde Ernährung von unschätzbarem Wert für den Körper, aber auch für Geist und Seele. Es ist wissenschaftlich erwiesen, dass qualitativ hochwertige Nahrungsmittel den Organismus vor vielen Krankheiten bewahren können. Das A und O bei der Auswahl der Speisen ist die richtige Mischung und die richtige Menge. Ernährungswissenschaftler sprechen von einer ausgewogenen Ernährung, wobei sie von abwechslungsreichen Speisen mit hohem Vital- und Nährstoffgehalt ausgehen. Suchen Sie daher Ihre Lebensmittel sorgfältig aus und achten Sie auf eine gute Qualität sowie auf Frische. Wählen Sie möglichst oft Gemüse, Obst und Vollkornprodukte aus biologischem Anbau. Auch bei Milchprodukten, Eiern, Fisch, Fleisch- und Wurstwaren sollten Sie auf Bioqualität achten, die immer mehr eine preisliche Anpassung gegenüber konventionellen Nahrungsmitteln erfährt und im Supermarkt leicht erhältlich ist. Mein Tipp: Stellen Sie einfach auf »bio« um!

Laut einer US-amerikanischen Studie enthält Bioware 27 % mehr Vitamin C, 21,1 % mehr Eisen, 29,3 % mehr Magnesium und 13,6 % mehr Phosphor. Zusätzlich sind in Bioprodukten 15,1 % weniger Nitrate als in der konventionellen Vergleichsgruppe.

Und: Halten Sie sich an die Ernährungspyramide, die anschaulich darstellt, welche Lebensmittel in welchen Mengen zu sich genommen werden sollten.

- An der Basis der Pyramide befinden sich die Grundnahrungsmittel wie Getreideprodukte (am besten aus Vollkorn), Reis, Kartoffeln und reichlich Frischkost in Form von Gemüse, Obst und Salat.
- Der Mittelbau unserer Ernährungspyramide besteht aus Milchprodukten wie Milch, Joghurt, Käse, darüber hinaus Fleisch und Fisch. Diese Nahrungsmittel sind ebenfalls wichtig, brauchen aber nur in kleinen Mengen und auch nicht täglich konsumiert zu werden. So reichen beispielsweise zwei oder drei Fleisch- bzw. Fischmahlzeiten pro Woche. Auch Eier sollten Sie nicht täglich zu sich nehmen (Achtung: Bedenken Sie, dass auch in so manchen Backwaren und Nudeln Eier enthalten sind!).
- Die Spitze der Pyramide bilden schließlich jene Nahrungsmittel, die möglichst sparsam und eigentlich nur ausnahmsweise genossen werden sollen, allen voran sehr Fettes und Süßes. Stark zuckerhaltige Limonaden, Kuchen, Kekse sowie fettreiche Wurst, Butter und Schlagobers sind deshalb nicht für die Alltagskost geeignet. Deshalb sollten Sie besser einen Bogen um diese Nahrungsmittel machen.

Essen Sie Frischkost nach dem Ampel-Prinzip! Bringen Sie jeden Tag rotes, gelbes und grünes Gemüse und Obst auf den Teller, so können Sie sicher sein, alle wertvollen Biostoffe zu erhalten, die Ihr Körper benötigt. Bisher haben Ernährungswissenschaftler an die

8000 bioaktive Stoffe in unseren Lebensmitteln ausgemacht. Die meisten stammen aus Pflanzen und erhielten Bezeichnungen wie Quercetin, Allicin, Pektin oder Beta-Carotin. Und internationale Studien haben bewiesen, dass diese bioaktiven Stoffe deshalb für uns wichtig sind, weil sie im Zusammenklang mit den Nährstoffen und Vitaminen unzählige Funktionen im Organismus erfüllen. Diese reichen vom Energielieferanten bis zur Stärkung des Immunsystems und der Nerven.

Wasser als Medizin

Trinken Sie täglich etwa zwei bis drei Liter Wasser, am besten Mineralwasser, verdünnte Fruchtsäfte, Kräutertees oder grünen Tee. Die Flüssigkeit hält Haut und Bindegewebe elastisch, kurbelt Kreislauf und Stoffwechsel an und wird von allen Zellen benötigt. Manche Menschen vergessen darauf, ausreichend zu trinken, weil sie so sehr mit anderen Dingen beschäftigt sind und das Durstgefühl verdrängen oder erst gar nicht wahrnehmen.

Es ist allerdings besonders wichtig daran zu denken, regelmäßig Flüssigkeit zu tanken, vor allem an heißen Tagen. Stellen Sie sich immer eine Karaffe Wasser, Saft oder (kalten) Tee in Reichweite und nehmen Sie immer wieder einen Schluck davon.

Mein Tipp für die warme Jahreszeit: Eistee aus grünem Tee, mit Zitronensaft und einem Löffel Honig abgeschmeckt und mit frischen Minze- und Melissen-Blättern verfeinert, schmeckt nicht nur köstlich, sondern ist auch durstlöschend und sehr gesund.

Der sportliche Ansatz

Jede Art von Bewegung hat positive Auswirkungen auf Vorgänge im Körper, die eine Krebsentstehung erschweren: Regelmäßiges Training beeinflusst nachweislich biologische Vorgänge und Faktoren, die an der Krebsentstehung beteiligt sind. Dazu zählt bei Brustkrebs die Konzentration von Geschlechtshormonen im Blut, deren Stoffwechsel vom Körpergewicht beeinflusst wird. Bei Tumorarten, die mit Übergewicht in Verbindung stehen, spielen der Insulinspiegel sowie die Konzentration weiterer Botenstoffe im Blut eine Rolle. Die Folge: Diese Stoffe wirken in Zellen als Wachstumssignale und beeinflussen die Tumorbildung. Forscher vermuten außerdem, dass Bewegung regulierende Effekte auf chronische Entzündungsprozesse im Körper, auf das Immunsystem sowie auf körpereigene Reparaturmechanismen für das Erbmaterial haben könnten. Dies sind Faktoren, die bei der Krebsentstehung eine Rolle spielen.

Sport bringt den Energiehaushalt auf Touren und hilft, ein gesundes Körpergewicht zu halten. Er hat zudem positive Effekte auf die Psyche, was sich wiederum auf die allgemeine Befindlichkeit und auf das Immunsystem auswirkt.

Das Deutsche Krebsforschungszentrum in Heidelberg sammelt gerade Daten zur Verifizierung des schützenden Effekts von Sport und hat bereits hinreichend Belege für dessen präventiven Effekt bei Mammakarzinomen ausgewertet. So sinkt laut dieser Analyse das Brustkrebsrisiko um 20 bis 40 Prozent, wenn Frauen trainieren. Es profitieren hier vor allem postmenopausale Frauen. Dabei gibt es eine klare Dosis-Wirkungs-Beziehung, das heißt, je mehr und je häufiger jemand Sport treibt, desto stärker sinkt sein Risiko, an Brustkrebs zu erkranken. Der Unterschied, ob jemand lebenslang aktiv ist oder erst spät mit dem Sport beginnt, ist minimal. Es ist also nie zu spät, aktiv zu werden. Die Empfehlungen der Forscher: Täglich mindestens 30 Minuten moderat trainieren. Wer über mehr Fitness verfügt, sollte eine Stunde am Tag dem Sport widmen.

Wer also seine Muskeln kräftigt, seine Ausdauer trainiert und seine Beweglichkeit verbessert, tut sich sehr viel Gutes. Denn mittlerweile ist hinlänglich bekannt, dass kontinuierliche körperliche Aktivität den Organismus leistungsfähiger macht. Sport hat – vorausgesetzt Sie übertreiben und überfordern sich nicht – einen hohen Nutzen für Ihre körperliche und seelische Gesundheit.

Regelmäßiger Sport ist zweifelsohne keine Garantie für ein langes Leben. Doch auch im Kampf gegen Depressionen gelten Joggen und andere Sportdisziplinen mittlerweile als chancenreiche Behandlungsoption. Bezüglich Krebsprophylaxe haben jüngst Wissenschaftler des renommierten Stockholmer Karolinska-Instituts die Daten von über 40 000 Personen im Hinblick auf sportliche Aktivitäten und ihre Anfälligkeit für Krebserkrankungen ausgewertet. Das Ergebnis: Bewegung in der Intensität von einer Stunde schnellem Gehen pro Tag verringert das Tumorrisiko um 16 Prozent, und schon eine halbe Stunde pro Tag reicht, um die Krebssterblichkeit um 33 Prozent zu senken. Sport schützt also nicht nur vor dem Ausbruch von Krebserkrankungen, sondern erhöht auch die Wahrscheinlichkeit, dass man ihn überlebt.

> Zwischen der Menge an Sport und der Anti-Krebs-Wirkung gibt es einen direkten Zusammenhang: Je mehr Bewegung, umso größer der Effekt. Krankengymnastik allein reicht also nicht aus.

Beim Brustkrebs greift der Sport jedoch als Vorbeugung erst nach den Wechseljahren. Der Grund: Mit dem Klimakterium werden die Östrogene, die als Hauptauslöser für Brusttumoren gelten, zunehmend im Fettgewebe der Frauen gebildet, und weil Sportlerinnen in der Regel weniger davon besitzen, sinkt dadurch auch ihr Brustkrebsrisiko und zwar um bis zu 43 Prozent. Bei jüngeren Frauen greift dieser Schutzeffekt hingegen nicht, weil ihre Sexualhormone zu einem überwiegenden Teil in den Eierstöcken produziert werden.

Johanna W.

Der zweifachen, alleinerziehenden Mutter, Johanna W. wurde einer der bösartigsten Tumore diagnostiziert. Mit der Gewissheit, dass ihre innere Stärke eine krebsfreie Zone ist, hat sie ihren Brustkrebs besiegt. Doch für Johanna scheint diese knappe Zeit nicht zu zählen. Vielmehr entschließt sie sich, erstmal alternative Wege auszuprobieren. Einen Monat lang besucht sie zweimal wöchentlich den einzigen Arzt in Österreich, der Hyperthermie (eine Art Wärmebehandlung) anbietet, bis er ihr schlussendlich mitteilt: »Sie werden um eine Operation und die Chemotherapie nicht umhin kommen, Ihr Tumor ist zu gefährlich, um ausschließlich mit dieser Therapie zu arbeiten und die Zeit läuft.«

❁

Weitere drei Monate vergehen, bis Johanna einen Chirurgen aufsucht und sich zur stärksten Dosis und Form der Chemotherapie entschließt. »Ich wollte diese Entscheidung ohne Angst treffen«, erinnert sie sich. »Meinen Kindern habe ich bis zur ersten Chemo nur gesagt, dass mit meinen Zellen etwas nicht in Ordnung sei. Erst danach habe ich ihnen erzählt, dass ich jetzt eine Chemotherapie mache und mir die Haare ausgehen werden, sie sich nicht schrecken sollen. Ich habe ihnen versichert, dass ich wieder ganz gesund werde. Sie haben meine Stärke gespürt und das dann geglaubt, obwohl sie natürlich trotzdem Angst hatten, dass ich sterbe.« Johanna wollte den Weg bewusst allein gehen, zog sich von ihrem Umfeld zurück und arbeitete mental an sich. »Ich war mir bewusst, dass es nur ein kleiner Teil meines Körpers ist, der tatsächlich von bösartigen Krebszellen befallen ist. Meine Seele, mein gesamtes Wesen, war immer heil und ich dieselbe Johanna, die ich vor der Diagnose war.«

❁

Sechs Monate später war die zweifache Mutter noch immer am Leben. Und ist es heute mehr denn je. »Zurückblickend scheint es, als hätte ich meine vielfältigen Aus- und Weiterbildungen mit dem Ziel gemacht, um sie heute für die Steigerung der Lebensqualität von Frauen mit der Diagnose Krebs einzusetzen.« Hat sie früher als Farb- und Stilberaterin Mitarbeiter von Banken und Versicherungen beraten, nutzt sie ihr ästhetisches Gespür heute, um mit Krebspatienten eine passende Perücke und bunte Tücher auszuwählen.

❁

Die 51-jährige Steirerin kennt die Schmerzen im Kopf und in den Knochen, die Krämpfe, irritierten Schleimhäute und die körperliche Erschöpfung, die mit der Chemotherapie einhergehen. »Manchmal geht es einfach nur darum, jemanden in den Arm zu nehmen und ohne Worte Kraft zu spenden. Eine Krebserkrankung ist keine Endstation, sondern eine Chance, die eigenen Ressourcen zu erweitern und auch zu lernen, mit einer der größten Herausforderungen des Lebens umzugehen!«

Ich tu mir Gutes

Neben gesunder Ernährung und Bewegung sollten Sie sich auch bewusst jenen Dingen zuwenden, die Ihnen Freude bereiten, Ihnen guttun und Ihre Gesundheit fördern. Sie werden freilich hektischen Momenten im Berufs- und Familienalltag, die Ihren ganzen Einsatz fordern, nicht entgehen können. Wenn Sie aber achtsam mit sich umgehen und auch in Zeiten größerer Anspannung immer wieder in Ihren eigenen Lebensrhythmus zurückfinden, dann wird es Ihnen gutgehen. Eine ausgewogene Alltagsgestaltung und ein Bewusstsein dafür, Prioritäten setzen zu können, lassen Stress, Frustration und Beschwerden schneller bewältigen oder aber sie kommen gar nicht erst auf.

Ein Tipp von mir: Nehmen Sie sich nicht zu viel auf einmal vor! Nicht jeder kann auf dieselbe Weise Ruhe und Entspannung finden: Der eine lässt lieber die Seele in einem Liegestuhl mit einem guten Buch baumeln, der andere powert sich lieber mit einer Joggingtour oder Gartenarbeit aus, um ausgeglichen zu sein. Andere brauchen gezielte Übungen wie Yoga oder Qigong zur Erlangung ihrer inneren Harmonie. Wichtig ist, dass Sie von all den angebotenen Möglichkeiten die eine herausfinden, die für Sie maßgeschneidert ist.

Yogaübungen verfolgen heute zumeist einen ganzheitlichen Ansatz, der Körper, Geist und Seele in Einklang bringen soll.

Zu all diesen Vorschlägen möchte ich allerdings noch auf ein paar kleine Maßnahmen zur Vorsorge hinweisen, wenn sich auch Brustkrebs nicht durch spezielle Maßnahmen vermeiden lässt: Es gibt mindestens zwei Möglichkeiten, das Risiko zu verringern.

Alkoholkonsum

Frauen, die regelmäßig Alkohol trinken, erkranken häufiger an Brustkrebs als der Durchschnitt, wobei das Risiko mit der Menge steigt. Ob der Einfluss eher über die ungünstige Energiebilanz von Alkohol entsteht, oder ob auch eine direkte Beeinflussung des Hormonspiegels oder der Brustzellen eine Rolle spielt, ist nicht geklärt.

Fakt ist: Wenn eine Frau täglich mehr als 25 Gramm Alkohol zu sich nimmt (enthalten in 0,3 l Wein oder 0,6 l Bier), erhöht sich ihr Brustkrebsrisiko um 31 Prozent, bei 100 Gramm Alkoholkonsum täglich erhöht es sich um 270 Prozent. Ursache für die krebsfördernde Wirkung ist vermutlich das Acetaldehyd, eine durch den Stoffwechsel entstandene und nachweislich krebserzeugende Verbindung aus dem reinen Alkohol, dem Äthanol. Hochprozentige Getränke sind folglich umso gefährlicher.

Für die kanzerogene Wirkung ist aber wahrscheinlich nicht nur der Alkohol verantwortlich. Experten schätzen, dass etwa vier Prozent aller Brustkrebsfälle auf den Konsum von Alkohol zurückzuführen sind. Besonders schädlich ist die Kombination von Rauchen und Alkohol.

Nikotinkonsum

Bitte rauchen Sie nicht. Denn Zigaretten enthalten zahlreiche krebserregende Stoffe, die nicht nur das Risiko von Lungen- und Bronchialtumoren erhöhen, sondern auch andere Krebsleiden fördern. Außerdem schädigen Zigaretten die Gefäße, verringern die Durchblutung der Organe, schädigen die Zellwände, schwächen dadurch die Zellenergie, lassen die Haut welken und fördern damit zusätzlich noch den Alterungsprozess. Sehen Sie also zu, das Rauchen aufzugeben. Es gibt gute und wirksame Möglichkeiten der Nikotinentwöhnung, lassen Sie sich von Ihrem Arzt beraten.

Alkohol, Nikotin und Brustkrebs

In der Canadian National Breast Screening Study (NBSS), einer großen Kohortenstudie, wurden knapp 90.000 Frauen im Alter von 40 bis 60 Jahren im Schnitt über 22 Jahre hinweg regelmäßig untersucht (Int J Cancer 2014; online 10. Oktober). Mehr als 6500 Teilnehmerinnen entwickelten erstmals einen Brusttumor. Ein Team US-amerikanischer und kanadischer Forscher um Chelsea Catsburg aus New York hat nun diese Daten ausgewertet, um das Brustkrebsrisiko unter Raucherinnen zu untersuchen.

Nach Berücksichtigung einer Reihe von Begleitfaktoren wie Alter, Hormontherapie, Zahl der Kinder und Alter bei der Geburt, BMI oder körperlicher Aktivität war die Brustkrebsrate unter allen Frauen, die jemals geraucht hatten, um 17 Prozent erhöht. Bei starken Raucherinnen (mehr als 40 Zigaretten pro Tag) war die Rate um 21 Prozent erhöht, und Frauen, die 40 Jahre lang geraucht hatten, erkrankten zu 57 Prozent häufiger als Nichtraucherinnen.

Auch Rauchen vor der Schwangerschaft ist schädlich. So stellte sich heraus, dass Frauen mit Kindern offenbar besonders dann gefährdet sind, wenn sie mehr als fünf Jahre vor der ersten Schwangerschaft geraucht hatten: Dann ist das Brustkrebsrisiko nach den NBSS-Daten um 18 Prozent erhöht. Die Autoren um Catsburg sehen daher den Zeitpunkt des Rauchens für das Tumorrisiko entscheidend, denn das Brustgewebe ist vor der vollständigen Differenzierung mit der ersten abgeschlossenen Schwangerschaft am empfindlichsten. Dies könnte das erhöhte Risiko für das Rauchen vor einer ersten Schwangerschaft erklären.

Auch entwickelten in der Studie nur aktive Raucherrinnen verstärkt Brusttumoren, ehemalige zeigten keine erhöhte Brustkrebsrate. Mit dem Rauchen aufzuhören, scheint sich also nicht nur für das Lungenkrebs-, sondern auch für das Brustkrebsrisiko auszuzahlen.

Anhang

Medizinische Fachausdrücke

Die folgenden medizinischen Fachausdrücke drehen sich rund um das Thema Brustkrebs:

Ablatio(n): Amputation, Entfernen von Körpergeweben oder Körperteilen

Adjuvante Chemotherapie: In der Onkologie Bezeichnung für eine Therapie, die im Anschluss an die operative Sanierung einer Tumorerkrankung durchgeführt wird. Sie zielt darauf ab, möglicherweise vorhandene, nicht sichtbare Metastasen (Mikrometastasen) zu behandeln und somit die Wahrscheinlichkeit eines Rezidivs (Rückfall) zu senken.

Biopsie: Entnahme und Untersuchung von Material (meist Gewebe) aus einem lebenden Organismus

Chemotherapie kann unter kurativen, adjuvanten oder palliativen Gesichtspunkten durchgeführt werden. Die Chemotherapie verwendet Stoffe, die ihre schädigende Wirkung möglichst gezielt auf bestimmte krankheitsverursachende Zellen beziehungsweise Mikroorganismen ausüben und diese abtöten oder in ihrem Wachstum hemmen.

Computertomografie: Bildgebendes Verfahren mit Hilfe von Röntgen-Schnittbildern

HER2: Das Her2-Protein (Her 2/neu) ist ein Empfängermolekül, ein sogenannter Rezeptor auf der Oberfläche von Körperzellen. Es befindet sich zum Beispiel an der Oberfläche von normalen Zellen der Brustdrüse, aber auch auf der Oberfläche von Brustkrebszellen. Dieser Rezeptor gehört zu einer Familie von bestimmten Wachstumsfaktorrezeptoren.

Hormon: Körpereigener Wirkstoff, der spezifisch auf bestimmte Organe einwirkt und ihre Funktion reguliert.

Hormone/Antihormone: Unter den verschiedenen Tumorarten weisen vor allem Prostata- und Brustkrebs häufig Hormonrezeptoren auf. Deshalb werden Hormone und Antihormone vor allem bei diesen beiden Krebserkrankungen angewandt.

Immunmodulatoren werden eingesetzt, wenn eine Krebserkrankung ausbricht und das Immunsystem, das normalerweise unkontrolliert wuchernde Zellen erkennt und abtötet, versagt. Interferone und Interleukine werden heute gentechnisch hergestellt oder aus menschlichen Zellen gewonnen. Sie unterdrücken das Zellwachstum und sollen die Immunantwort verstärken, sodass der Körper besser in der Lage ist, Krebszellen als schädlich zu erkennen und abzutöten. Mistelpräparate werden aus Mistelpflanzen gewonnen.

Kurativ: Der Begriff kurativ bezeichnet therapeutische Maßnahmen, die auf die Heilung einer Erkrankung ausgerichtet sind. Remission bedeutet temporäres oder dauerhaftes Nachlassen von Krankheitssymptomen

Magnetresonanz: Bildgebendes Verfahren mithilfe von Magnetfeldschnittbildern

Mamma: Brust, Brustdrüse, Milchdrüse

Mammografie: Röntgenuntersuchung der Brust

Mastektomie: Entfernung der Brustdrüse

Metastase bedeutet Übersiedlung an einen anderen Ort. Im engeren Sinn bezeichnet Metastase die Absiedelung eines bösartigen Tumors in entferntem Gewebe bei einer Krebserkrankung.

Neoadjuvante Chemotherapie wurde ursprünglich bei Patientinnen mit inoperablen und inflammatorischen Karzinomen eingesetzt, um eine Tumorverkleinerung zu erzielen und eine Operation mit primärem Wundverschluss zu erreichen. Mit der Entwicklung der brusterhaltenden Chirurgie wurde auch der Stellenwert der neoadjuvanten Chemotherapie (vor der Operation) bei operablen Mammakarzinomen überprüft. Es war das Ziel, durch eine der chirurgischen Behandlung vorangestellte Chemotherapie die Rate an brusterhaltenden Operationen zu erhöhen.

Node: Knoten, Lymphknoten

Östrogen: Weibliches Sexualhormon, löst Eisprung aus, schützt Knochen, beeinflusst viele Stoffwechselprozesse.

Palliativ: Als palliative Therapie bezeichnet man eine medizinische Behandlung, die nicht auf eine Heilung einer bestehenden Grunderkrankung abzielt, sondern auf die Reduzierung der Folgen (Palliation). Wörtlich übersetzt heißt Palliativtherapie so viel wie »ummantelnde Behandlung«, also eine Behandlung, deren Ziel nicht die Heilung ist, sondern die darauf abzielt, die Symptome einer bestehenden Erkrankung zu lindern. Palliative Therapie ist ein Teilgebiet der Palliative Care.

Progesteron: Sexualhormon, das in der zweiten Phase des Menstruationszyklus sowie in der Schwangerschaft produziert und aus Cholesterin hergestellt wird.

Rezeptor: Empfangsorgan zur Aufnahme von Reizen

Sonografie: Ultraschalluntersuchung

Zytostatika: In der Krebstherapie heißen diese Substanzen (Chemotherapeutika) Zytostatika. Bei der Behandlung bösartiger Tumorerkrankungen nutzen die meisten dieser Substanzen die schnelle Teilungsfähigkeit der Tumorzellen, da diese empfindlicher als gesunde Zellen auf Störungen der Zellteilung reagieren; auf gesunde Zellen mit ähnlich guter Teilungsfähigkeit üben sie allerdings eine ähnliche Wirkung aus, wodurch sich Nebenwirkungen wie Haarausfall oder Durchfall einstellen können.

Literaturliste

Im Folgenden nun die wichtigsten Adressen, die auch mir als Vorlage für diesen Ratgeber eine große Hilfe waren:

- Die **ABCSG (Austrian Breast & Colorectal Cancer Study Group)** ist Österreichs größte und bekannteste akademische Forschungsorganisation, die international erfolgreich klinische Studien zu Brust- und Darmkrebs durchführt.
  Nähere Informationen: www.abcsg.at/

- Das **Comprehensive Cancer Center Vienna (CCC)** ist eine gemeinsame Einrichtung der Medizinischen Universität Wien und des Allgemeinen Krankenhauses der Stadt Wien. Es verbindet kompetente, interdisziplinäre medizinische Versorgung von Krebspatienten mit klinischer und grundlagenwissenschaftlicher Forschung sowie Lehre auf höchstem akademischem Niveau.
  Nähere Informationen: www.ccc.ac.at/

- Das **Comprehensive Cancer Center (CCC) Wien** bündelt und unterstützt die Krebsforschung, die Patientenbetreuung und die Ausbildung von Studenten bzw. Jungwissenschaftlern sowie Mitarbeitern aus der Pflege und ist, was die Wissensvermittlung angeht, auch der Öffentlichkeit verpflichtet. Die »Cancer School« ist das Dach, unter dem Veranstaltungen für Laien gesammelt, entwickelt und angeboten werden.
  Nähere Informationen: www.cancerschool.at/

- Viele Patienten fühlen sich mit der Diagnose Brustkrebs allein gelassen, orientierungslos und sind mit den anstehenden Entscheidungen häufig überfordert. Als selbst (ehemals) Betroffene wissen die Mitglieder von **Europa Donna**, wo sie gebraucht werden. Sie bieten Orientierungshilfen und eine Art Navigationssystem für Betroffene und deren Angehörige an. In Zusammenarbeit mit Europa Donna International und einem wissenschaftlichen Kuratorium vertritt die Organisation Patienteninteressen in der Öffentlichkeit und im politischen Entscheidungsprozess.
  Nähere Informationen: www.europadonna.at/

- **DocCheck** ist ein medizinisches Fachportal mit angeschlossener Community für Angehörige der Heilberufe.
  Nähere Informationen: flexikon.doccheck.com/

- Das Österreichische **Brustkrebs-Früherkennungsprogramm »früh erkennen«** ist eine gemeinsame Initiative von Bund, Sozialversicherung, Ländern und Österreichischer Ärztekammer. Es ersetzt seit 2014 sämtliche Mammografie-Angebote zur Früherkennung von Brustkrebs. Das Programm bietet erstmals systematische,

qualitätsgesicherte Brustkrebs-Früherkennungsuntersuchungen in ganz Österreich. Alle Untersuchungen werden dokumentiert und evaluiert. Frauen ab 40 Jahren können im Rahmen dieses Programms alle zwei Jahre kostenlos zur Früherkennungsmammografie gehen.
Nähere Informationen: www.frueh-erkennen.at/

- Die **Österreichische Krebshilfe** versteht sich als Kompetenzzentrum zum Thema Krebs. Der Dachverband mit seinen Organen, der Bundesgeschäftsstelle und den eigenständigen Landesvereinen mit den ihnen angeschlossenen regionalen Beratungsstellen bilden zusammen die Österreichische Krebshilfe.
  Nähere Informationen: www.krebshilfe.net/

- Jedes Jahr erkranken in Deutschland rund 500.000 Menschen neu an Krebs. Den Betroffenen und ihren Angehörigen zu helfen, ist das wichtigste Anliegen der **Deutschen Krebshilfe.** Nach dem Motto »Helfen. Forschen. Informieren.« fördert die gemeinnützige Organisation Projekte zur Verbesserung der Prävention, Früherkennung, Diagnose, Therapie, medizinischen Nachsorge und psychosozialen Versorgung einschließlich der Krebs-Selbsthilfe.
  Nähere Informationen: www.krebshilfe.de/

- **Netdoktor.at** ist eine unabhängige medizinische Informationsseite für Patienten, Ärzte und medizinisches Fachpersonal.
  Nähere Informationen: www.netdoktor.at/

- Auf **NetDoktor.de** finden Sie täglich neue Nachrichten aus der medizinischen Forschung, Expertenmeinungen und Tipps zum Thema Gesundheit von der NetDoktor-Redaktion kompetent, kritisch und unabhängig aufbereitet.
  Nähere Informationen: www.netdoktor.de/

Des Weiteren empfehle ich Ihnen

- den Ratgeber von Dr. med. Heike Buess-Kovács »Diagnose Brustkrebs – Das ist jetzt wichtig. Wie geht es weiter? Alle Chancen nutzen.« Empfohlen von Brustkrebs Deutschland e.V. Prognose Leben, Schlütersche Verlagsanstalt,

- sowie die Broschüre der deutschen Krebshilfe und der DKG Brustkrebs »Brustkrebs – Antworten · Hilfen · Perspektiven« aus der Reihe »blaue Ratgeber«. Die Broschürenserie, die sich an Krebsbetroffene, Angehörige und Interessierte richtet, informiert über verschiedene Krebsarten und übergreifende Themen der Krankheit. »Die blauen Ratgeber geben Antworten auf medizinisch drängende Fragen. Sie bieten konkrete Hilfen an, um die Erkrankung zu bewältigen. Und zeigen Perspektiven auf für ein Leben mit und nach Krebs«, wie es im Vorwort der Broschüre heißt.

Zertifizierte Brustgesundheitszentren in Österreich (Stand: Mai 2016)

Burgenland	Krankenhaus Güssing	Grazerstraße 15, 7540 Güssing, Tel: +43 579 79-31250
Kärnten	LKH Klagenfurt MAMMA-Kompetenzzentrum	St. Veiter Straße 34, 9020 Klagenfurt, Tel: +43 463 538-39616
	Krankenhaus d. Barmherzigen Brüder	Spitalgasse 26, 9300 St Veit/Glan, Tel: +43 4212 499-440
	Brustzentrum LKH Villach	Nikolaigasse 43, 9500 Villach, Tel: +43 4242 3044-5666
Oberösterreich	KH d. Barmherzigen Schwestern Linz	Seilerstätte 4, 4010 Linz, Tel: +43 732 7677-6100
	AKH Linz	Krankenhausstraße 9, 4021 Linz, Tel: +43 732 78 06-3171
	Klinikum Wels-Grieskirchen	Grieskirchnerstraße 42, 4600 Wels, Tel.: +43 7242 415-0
	Brustgesundheitszentrum Braunau	A.ö. KH St. Josef Braunach, Ringstraße 60, 5280 Braunau, Tel.: +43 7722 804-5800
Steiermark	LKH Graz West	Göstinger Straße 22, 8020 Graz, Tel: +43 316 5466-14182
	LKH Graz – Universitätsklinikum Graz	Auenbruggerpl. 1/4, 8036 Graz, Tel: +43 316 385-12998
	Krankenhausverband Feldbach-Fürstenfeld	Ottokar-Kernstock-Straße 18, 8330 Feldbach, Tel: +43 3152 899-3410
	Brustgesundheitszentrum LKH Leoben	Vordernbergerstr. 42, 8700 Leoben, Tel: +43 3842 4010
Tirol	Universitätsklinik für Frauenheilkunde Innsbruck	Anichstraße 35, 6020 Innsbruck, Tel: +43 512 504-23075
	A.ö. Bezirkskrankenhaus Lienz	Emanuel von Hibler-Str. 5, 9900 Lienz, Tel: +43 4852 606-81206
	Brustzentrum BKH Schwaz	Swarovskistraße 1–3, 6130 Schwaz, Tel.: +43 5242 600 0
Vorarlberg	LKH Feldkirch	Carinagasse 47, 6807 Feldkirch, Tel.: +43 5522 303-4610
	A.ö. Krankenhaus der Stadt Dornbirn	Lustenauerstr. 4, 6853 Dornbirn, Tel.: +43 5572 303-2450
Wien	Comprehensive Cancer Center – AKH/MUW Wien – Brustgesundheitszentrum Wien	Allgemeines Krankenhaus der Stadt Wien, Medizinische Universität Wien, Währinger Gürtel 18-20, 1090 Wien, Terminvereinbarung: +43 1 40400-2804
	Krankenhaus Hietzing – Brustgesundheitszentrum	Pavillon II B, Wolkersbergenstraße 1, 1130 Wien, Tel: +43 1 801 10-2300
	Krankenanstalt Rudolfstiftung	Juchgasse 25,1030 Wien, Tel.: +43 1 711 65-3611
	Privatklinik Goldenes Kreuz	Lazarettgasse 16-18, 1090 Wien, Tel.: +43 1 40 111-0
	Brustgesundheitszentrum Kaiser Franz Josef Spital – SMZ Süd	Kundratstraße 1–3, 1100 Wien, Tel.:+43 1 601 91-4723
	Brustgesundheitszentrum Wilhelminenspital	Montlearstraße 37, 1160 Wien, Tel.: +43 1 49150-74713
	Brustgesundheitszentrum SMZ Ost – Donauspital	Langobardenstraße 122, 1220 Wien, Tel.: +43 1 288 02-0

Stationäre Onkologische Rehabilitation

Burgenland	Onkologische Rehabilitationsklinik »Der Sonnberghof«	Heilbad Sauerbrunn Betriebsgesellschaft m.b.H, Hartiggasse 4, 7202 Bad Sauerbrunn, Tel.: +43 (0) 2625 300-8000, www.dersonnberghof.at
	Therapiezentrum Rosalienhof	Am Kurpark 1, 7431 Bad Tatzmannsdorf, Tel.: +43 3353 8387, www.bva.at
Kärnten	Humanomed Zentrum Althofen GmbH	Moorweg 30, 9330 Althofen, Tel.: +43 4262 2071 0, www.humanomed.at/humanomed-zentrum-althofen/
Niederösterreich	Lebens.Med Zentrum Bad Erlach	Beste-Gesundheit Platz 1, 2822 Bad Erlach, Tel.: +43 2627 8130 0, www.lebensmed-baderlach.at/
Salzburg	Onkologische Rehabilitation	St. Veiter-Straße 48, 5621 St. Veit im Pongau, Tel.: +43 6415 5030 0, www.onko-reha-stveit.at/
Steiermark	Klinik Judendorf-Straßengel GmbH	Grazer Straße 15, 8111 Gratwein-Straßengel, Tel.: +43 3124 9052 0, www.klinik-judendorf.at
Tirol	Wittlinger Therapiezentrum GmbH	Alleestr. 30, 6344 Walchsee, Telefon: +43 5374 5245, www.wittlinger-therapiezentrum.com/home.html

Ambulante Onkologische Rehabilitation

Oberösterreich	Krankenhaus der Barmherzigen Schwestern Linz, Betriebsgesellschaft m.b.H.	Seilerstätte 4, 4010 Linz, Tel: +43 732 7677 0

Weitere spezialisierte Rehabilitationszentren

Tirol	REHA Zentrum Münster	Gröben 700, 6232 Münster, Tel.: +43 53 37 20004, www.reha-muenster.at/
Kärnten	Zentrum für Lymphologie	Landeskrankenhaus Wolfsberg, Paul-Hackhofer-Straße 9, 9400 Wolfsberg, Tel.: +43 4352 533, www.lkh-wo.at/